Franz Nikolaus Finck

Der deutsche Sprachbau als Ausdruck deutscher Weltanschauung

Franz Nikolaus Finck

Der deutsche Sprachbau als Ausdruck deutscher Weltanschauung

ISBN/EAN: 9783743471924

Hergestellt in Europa, USA, Kanada, Australien, Japan

Cover: Foto ©Thomas Meinert / pixelio.de

Franz Nikolaus Finck

Der deutsche Sprachbau als Ausdruck deutscher Weltanschauung

DER DEUTSCHE SPRACHBAU

ALS

AUSDRUCK DEUTSCHER WELTANSCHAUUNG.

ACHT VORTRÄGE

VON

FRANZ NIKOLAUS FINCK.

„Die geistes eigentümlichkeit und die sprach
gestaltung eines volkes stehen in solcher
innigkeit der verschmelzung in einander,
dass, wenn die eine gegeben wäre, die andre
müsste vollständig aus ihr abgeleitet werden
können."

Wilh. v. Humboldt.

MARBURG.
N. G. ELWERT'SCHE VERLAGSBUCHHANDLUNG.
1899.

Meiner Mutter

gewidmet.

VORWORT.

Die vorliegende kleine schrift ist aus vorträgen erwachsen, die ich im winter des jahres 1896 an der hiesigen universität und dann in einer sich möglichst auf das deutsche beschränkenden fassung im juli des jahres 1897 bei gelegenheit des hier veranstalteten ferienkursus gehalten habe.

Als ich, mehrfach lautgewordenen wünschen entsprechend, die veröffentlichung der hier vorliegenden bearbeitung in der von Wilhelm Vietor herausgegebenen zeitschrift *Die neueren sprachen* begann, versprach ich keine wesentlichen änderungen vornehmen zu wollen, und ich habe dieses versprechen auch gehalten. Diese scheinbar überflüssige versicherung gilt denjenigen meiner zuhörer, die mit einer mich fast erschreckenden sorgfalt über jede meiner äusserungen buch geführt haben und nun angesichts der mannigfachen umgestaltung von einzelheiten den glauben an mein wort verlieren könnten. Wenn sie jedoch diesem buche dieselbe aufmerksamkeit schenken, mit der sie mich, als ich den inhalt vortrug, beehrt haben, dann werden sie sehn, dass die allerdings zahlreichen änderungen nur die veranschaulichung der vorgetragenen lehre betreffen, nicht diese selbst, dass sie also thatsächlich keine *wesentlichen* sind. Ob ich freilich überall verbessert habe, darüber mögen die entscheiden, die beide fassungen kennen. Vielleicht verscherze ich einen teil des erhofften dankes. Doch dann wird man ihn wenigstens den erweiterungen nicht versagen, die diesem abdruck aus der erwähnten zeitschrift durch zusätze und ein register zuteil geworden sind.

Die nur wenige seiten füllenden zusätze sind kein der gelehrtenwelt entrichteter tribut. Sie sollen nicht so sehr das vorgetragene begründen oder gar entschuldigen, als vielmehr *jedem* leser zu einer verarbeitung verhelfen, durch die er sich

ein *recht* zur kritik erwerben kann. Das im verhältnis zum
umfange des buches ausführliche register soll diese arbeit erleichtern.

Hiermit könnte ich meine vorrede schliessen, wenn diese
vorträge auf den kreis derer beschränkt bleiben sollten, für die
sie ursprünglich gehalten worden sind. Da sie dort ihren zweck
erreicht haben, müsste ein bericht über die änderungen genügen.

Durch die veranstaltung einer sonderausgabe verrate ich
jedoch, dass ich etwas anderes wenigstens wünsche, und so habe
ich denn noch einige worte an den noch unbekannten grösseren
leserkreis zu richten, dem ich diese schrift als eine lesenswerte
anbiete.

Der ursprünglichen bestimmung dieser vorträge entsprechend
bin ich nicht darauf ausgegangen, die forschung zu bereichern,
sondern das mir richtig scheinende auf einen einfachen, jedes
blendenden prunkes baaren ausdruck zu bringen. Ich habe
keinen augenblick vergessen, dass es nicht mein ehrgeiz sein
durfte fortzureissen, sondern zu führen, und ich habe die in mir
rege neigung — und wohl auch befähigung — zur prägung des
schönen worts unerbittlich unterdrückt, vielleicht sogar mehr
als gut war.

Aber diese schrift ist doch nicht etwa nur eine besonnene
vermittlung allgemein anerkannter lehren. Denn auf dem gebiete, auf dem sich meine betrachtungen ergehn, gibt es solche
allgemein anerkannte lehren überhaupt nicht. Ich habe überall
selbst entscheiden müssen und, ohne neues geradezu ausfindig
machen zu wollen, vielfach neues geboten. Kenner der sprach-
philosophie werden mir sogar mit mehr recht allzuselbständiges
auftreten als gedankenloses nachschreiben vorwerfen dürfen.

Eine auseinandersetzung über die frage, was ich andern,
was ich mir verdanke, würde ein buch füllen, das den umfang
des vorliegenden weit überschreiten müsste. Daher darf ich
mich wohl darauf beschränken, die namen derer zu nennen,
denen ich am meisten verpflichtet bin, Wilhelm von Humboldt,
H. Steinthal, Franz Misteli, Friedrich Müller, Heinrich Winkler,
Georg von der Gabelentz und — *last not least* — James Byrne.

Es wird manchem wunderlich vorkommen, dass ich diese
bearbeitung meiner vorträge eine sich möglichst auf das deutsche
beschränkende fassung nenne, und mancher wird häufig wünschen,

ich möchte doch endlich einmal zur sache kommen. Angesichts dieser gefahr muss ich bemerken, dass ich vom ersten bis zum letzten worte bei der sache bleibe, dass man eben nicht erkennen kann, was die deutsche sprache von andern unterscheidet, wenn man die andern nicht kennt.

Mute ich doch meinen lesern auch gar nicht zu, sich durch mühsame arbeit das verständnis all des vielleicht anfangs fremdartigen zu erwerben. Ich setze möglichst wenige sprachkenntnis, fast könnte ich sagen, gar keine voraus, nur etwas guten willen zum nachdenken, und dieses nachdenken ist nicht schwerer, wenn's sich um die Hottentoten handelt als wenn vom französischen die rede ist.

So bitte ich denn um wohlwollende aufnahme dieses kleinen buchs, das mehr arbeit birgt als der flüchtige beobachter sich träumen lässt, das durch diese dem leser mehr und mehr sichtbar werdende arbeit vorbildlich wirken möchte.

Marburg i. H. im november 1898.

F. N. FINCK.

BERICHTIGUNGEN.

Seite 5 zeile 14 von unten lies *dem unmittelbaren ausdruck* statt *dem ausdruck*.

Seite 20 zeile 3 von unten lies *āč-dyr-ama-maq* statt *āč-dịr-ama-maq*.

Seite 21 zeile 2 von oben lies *āč-yň-dyr-yl-ama-maq* statt *āč-ịň-dịr-ịl-ama-maq*.

Seite 40 zeile 4 von unten lies *anführen* statt *anfähren*.

Seite 77 zeile 7 von oben lies *der Grāinne* statt *Grainne*.

Seite 78 zeile 5 von oben lies *bharetyuktrā* statt *bhavetyuktra* und *uktrā* statt *uktva*.

ERSTER VORTRAG.

Die betrachtungen, die ich anstellen, zu denen ich anleiten will, sollen sich auf den deutschen sprachbau richten, sollen in ihm den ausdruck eines teils der deutschen weltanschauung entdecken lehren.

Ein derartiges unternehmen mag manchem recht abenteuerlich erscheinen, und die sprachhistoriker vom heutigen modeschnitt werden jedem, der solche bedenken hegt, gerührten herzens das zeugnis besonnener wissenschaftlichkeit ausstellen. Deshalb empfiehlt es sich wohl, eine etwas lange vorrede zu halten, die eingehend über ziel und wege aufklärt und dadurch mein beginnen rechtfertigt. Diese aufklärung kann aber nur dem zu teil werden, dem das wesen der sprache völlig klar ist. Ich bitte Sie daher, Sich heute mit mir einigen betrachtungen hinzugeben, die uns diese klarheit verschaffen, diese klarheit, deren wir dringend bedürfen, um nicht vor der fülle der erscheinungen in verwirrung zu geraten.

Vergegenwärtigen wir uns zu diesem zwecke zunächst die von rechts wegen unbestreitbare, von zeit zu zeit aber doch immer wieder einmal bestrittene thatsache, dass von allem, was wir sprache nennen, *nur das sprechen und die erinnerungsvorstellungen früheren sprechens wirklich existiren.* Vergegenwärtigen wir uns ferner, dass auch dieses wirklich existirende *kein selbständiges dasein* hat, dass es dieses nicht haben *kann,* weil das sprechen eine thätigkeit ist, die einen thäter voraussetzt, weil die erinnerungsvorstellung ein bestandteil des bewusstseins, der unmittelbaren erfahrung ist, die ohne ein erfahrendes subjekt nicht möglich ist.

Die substantivische form des wortes *sprache* ist eine dem denken gar gefährliche verführerin. Bei manchen redensarten gelingt es uns freilich fast mühelos, ihr zu entrinnen. Wenn wir sagen, jemand habe vor schrecken die sprache verloren, dann sind wir uns klar darüber, dass wir die fähigkeit des

1

sprechens meinen. Wenn wir von der groben sprache eines menschen reden, dann wollen wir die grobe art seines sprechens hervorheben. Wenn wir einem schüchternen oder verstockten zurufen: *Heraus mit der sprache!*, dann gebrauchen wir mit klarem bewusstsein einen langen, bildlichen ausdruck für den kurzen, schmucklosen imperativ *sprich!* Wenn wir jedoch von der sprache einer zunft oder eines volkes wie von einer einheitlichen gesamtheit von ausdrucksmitteln reden, wenn wir uns über die französische oder griechische sprache unterhalten, dann sind wir schon eher geneigt, diese sprache für etwas zu halten, was ein selbständiges dasein habe.

Allem anschein nach kann doch die französische sprache das leben ihrer träger überdauern. Allem anschein nach hat doch die sprache Homers ein ewiges leben. Und doch ist es eine täuschung. Es geschieht weiter nichts, als dass vorstellungen in uns entstehn, die wir mit einst entstandenen identifiziren, die früher vorhanden gewesenen ähnlich, vielleicht ausnahmsweise auch gleich sein können, niemals aber dieselben sind.

Dass die thätigkeit des sprechens vergänglich ist, dass sie auch nicht einen augenblick ohne einen sie ausübenden existiren kann, hat meines wissens noch kein vernünftiger mensch bezweifelt.

Dass die schrift viele geschlechter überdauern kann, muss man zugeben. Aber das, was uns in der schrift überliefert wird, ist nicht die sprache. Wenn es eine schriftmalerei ist wie die der Indianer Nordamerikas oder eine bilderschrift wie ein teil der chinesischen und ägyptischen, dann hat sie nicht mehr beziehungen zur sprache als jedes gemälde, das die vorstellung von irgend einer person, irgend einem gegenstande oder irgend einem vorgang in uns veranlasst. Wenn es eine lautschrift ist wie die unsrige, so kann sie vorstellungen vom klang der worte in uns erregen, oder bewegungsempfindungen, die mit dem aussprechen jener worte verknüpft gewesen sind, oder auch nach art der gemälde unmittelbar die vorstellungen, die in der regel mit den angedeuteten wortvorstellungen verbunden sind. Sprache ist es in keinem fall.

Nur darum kann es sich also handeln, ob die mit unsrer sprechthätigkeit verbundenen vorstellungsgruppen ein von unsrem bewusstsein unabhängiges, bleibendes dasein haben, wie man vielfach annimmt. Wenn es der fall ist, dann kann man mit fug und recht von einer zwar nicht völlig selbständigen, aber doch von unsrem bewusstsein unabhängigen sprache reden. Es ist aber nicht der fall.

Jede vorstellung, die ich habe, ist ja doch ein erlebnis, das wie jedes erlebnis in der zeit verläuft; jede vorstellung ist ja doch unzweifelhaft ein bestandteil der allein unanfechtbaren, unmittelbaren erfahrung, die niemand aus der welt reden kann, gleichgültig, ob es die vorstellung von einem baume oder einem gespenste ist. Ob sie ihr dasein einem physikalischen reize verdankt, d. h. einem vorgang in der aussenwelt, oder einem physiologischen reize, d. h. einem vorgang innerhalb des körpers des erfahrenden, darüber mag man nachher streiten — und zwischen gespenstergläubigen und -ungläubigen wird ja auch oft genug gestritten —, die vorstellung bleibt unanfechtbar, weil sie eben unmittelbare erfahrung ist. Seiner erfahrung muss man sich aber bewusst sein, sonst wäre es ja keine erfahrung. Wenn also eine vorstellung dem bewusstsein entschwindet, dann hat sie eben aufgehört, eine vorstellung zu sein, dann existirt sie eben überhaupt nicht mehr.

Nun geschieht es aber, dass eine allem anschein nach schon einmal dagewesene vorstellung plötzlich in uns auftaucht, ohne dass wir äussere einwirkungen ausfindig machen könnten, denen wir sie zuschreiben dürften. Ganz unvermittelt, so scheint es wenigstens, taucht auf einmal die erinnerung an ein bild in mir auf, das ich vor jahren in der münchener pinakothek gesehn habe, die erinnerung an meister Wilhelms bild der heiligen Veronika. Muss man angesichts dieser thatsache nun nicht doch annehmen, dass die vorstellung jenes bildes in meiner seele geruht habe, um nach jahren wieder einmal die schwelle des bewusstseins zu überschreiten? Nein! Da vorstellungen erlebnisse sind, können sie nicht dinge sein, und wenn mein jetziges erlebnis auch dem gleicht, das ich vor jahren angesichts des bildes hatte, so kann es doch nicht dasselbe sein. Diese wahrheit bleibt auch dann bestehn, wenn der seelische vorgang, der sich jetzt in mir abspielt, unerklärlich ist. Ein erinnerungsvorgang wie der erwähnte braucht aber überdies gar nicht als ein unlösbares rätsel angesehn zu werden. Aller wahrscheinlichkeit nach geht er folgendermassen von statten.

Die reize, welche die verschiedenen empfindungen veranlassen, aus denen sich eine vorstellung zusammensetzt, hinterlassen im gehirn *materielle* spuren, die den eintritt gleichartiger oder ähnlicher empfindungen erleichtern, und dies im verhältnis zur häufigkeit ihres vorkommens, etwa wie die radspuren auf einem holprigen wege den fuhrwerken von gleicher oder fast gleicher spurweite eine erleichterung in der überwindung der reibung schaffen. Von diesen materiellen spuren hängt es ab, welche erinnerungsvorstellungen leicht oder schwer eintreten können, der thatsächliche eintritt aber beruht auf assoziationswirkungen von sinneswahrnehmungen, die unmittelbar durch äussere eindrücke hervorgerufen werden. Gewisse elemente der sinneswahrnehmung sind auch in früher vorhanden gewesenen vorstellungen erregt worden. Ein teil, wenn auch ein kleiner, dieser früheren vorstellungen wird also schon sofort durch die gegenwärtigen reize hervorgerufen. An diese empfindungen reihen sich andre, die früher einmal mit jenen verbunden waren, und an diese wieder andre, so wie durch den ins wasser geworfenen stein nicht nur eine einzige stelle erschüttert wird, sondern eine bewegung entsteht, die sich zu weiteren kreisen fortpflanzt. Veranschaulichen wir uns dies an dem soeben gegebenen beispiele.

Um mir rechenschaft über die entstehung der vorstellung von dem bilde der Veronika zu geben, versuche ich gewissermassen rückschreitend mir wieder alles ins gedächtnis zu rufen, was vorher in meinem bewusstsein war, und da fällt mir ein, dass ich vorher an die stadt Monaco gedacht habe, und davor an die spielbank in Monte Carlo, und dass ich davor, scheinbar gar nichts denkend, von meinem fenster aus der thätigkeit einiger strassenarbeiter zugesehn habe. Da wird mir plötzlich der ganze vorgang klar. Ich hatte die leute mit langen kratzern den schlamm vom wege räumen sehn. Bei dem anblick dieser instrumente fielen mir die ähnlich geformten ein, mit denen die kroupiers an der spielbank in Monte Carlo oft zum entsetzen der beschauer das gold wie schlamm aus dem wege räumten. Ich ging erholungsbedürftig wieder einmal im geiste von Monte Carlo nach des sirenenländchens hauptstadt Monaco, und, wie es sich für einen linguisten geziemt, kombinirte ich Monaco und München zu einer etymologischen gleichung. Dass bei dem gedanken an die stadt der deutschen mönche aber die erinnerung

an die tagtäglich besuchte pinakothek auftauchte, war bei mir
ebenso selbstverständlich wie bei vielen das erscheinen des
münchener kindls sein würde, und dass mir Veronika dann
zuerst entgegenkam, war nicht mehr als eine pflicht der höflich-
keit, da ich ihr ja auch monatelang den ersten besuch abge-
stattet hatte.

Doch, um nach dieser abschweifung zum eigentlichen gegenstande unsrer betrachtung zurückzukehren, wenn also von allem,
was wir sprache nennen, nur das sprechen und die erinnerung
an früheres sprechen existirt, und beides auch nicht unabhängig,
was ist dann das offenbar primäre von beiden, das sprechen?

Vom standpunkte der physiologie aus kann man sprechen
als eine koordinirte bewegung bezeichnen, d. h. als eine arbeit,
die durch vereinigung verschiedener muskelgruppen zu gemein-
samer thätigkeit unter leitung des gehirns zu stande kommt.
Doch es liegt auf der hand, dass der physiologe etwas wesentliches vergisst. Die klänge und geräusche, die durch eine koordinirte bewegung entstehn, können nur insofern als ergebnis
einer sprechthätigkeit aufgefasst werden, als sie etwas bedeuten.
Es gehört zum wesen des sprechens, dass es gefühle oder vorstellungen in verstehbarer weise zum ausdruck bringt. Mithin
gehört es zu denjenigen handlungen, die man ausdrucksbewegungen nennt, bewegungen, deren wesentlicher effekt darin
besteht, dass sie in uns verlaufende psychische prozesse verraten, wie dies beispielsweise auch beim erröten, lachen, weinen
und zuweilen beim achselzucken und ähnlichem zu tage tritt.

Dem ausdruck unserer gefühle dient nun bekanntlich nur
ein geringfügiger teil unseres sprechens, vor allem die interjektionen mit ausnahme der nachahmenden. Ausserdem aber
machen wir oft auch bei eigentlichen vorstellungsäusserungen
eine anleihe. Wir handeln dann wie der lyriker, der beim
hörer vorstellungen hervorzurufen versucht, die sich mit ähnlichen gefühlen verbinden, wie die es sind, die ihn zum reden
veranlassen. So rufen wir gott und den teufel zu hülfe, um
unseren überschuss an staunen, schmerz, angst, ärger oder wer
weiss was loszuwerden, und nicht nur gott und den teufel,
sondern fast alles mögliche heilige, verruchte und unanständige.
Zuweilen verhüllen wir freilich das wort ein wenig, weil wir
so zartfühlend sind, oder weil es uns ängstlich zu mut wird,
und rufen *potztausend, sapperment, o jemine, parbleu, caramba*

und anderes. Aber alles derartige zusammengerechnet bildet, wie Sie wissen, nur einen kleinen bestandteil unseres redens. Fast alles, was wir sagen, ist ein ausdruck von vorstellungen und von begriffen, die sich aus jenen mit hülfe der sprache herausgebildet haben.

Wir wissen, dass die vorstellungen unmittelbare erfahrung sind, und dass es eines aktes der abstraktion bedarf, um die objekte unabhängig von dem erlebenden subjekte zu denken. Aber wir wissen auch, dass uns diese abstraktion nicht schwer fällt, dass wir sogar auf dem standpunkte ungeschulter überlegung glauben, was wir vorstellten, das sei alles so, wie wir es wahrnähmen. So glauben wir ein ding zu sehn, dann dinge — weil anwendbar auf beliebige gleichartige —. Diese dinge im weitesten sinne, belebtes und unbelebtes, sehn wir sich von einander durch eigentümliche merkmale unterscheiden, die sie unsrer ansicht nach als eigenschaften an sich tragen, und wir sehn sie im laufe der zeit thätigkeiten entwickeln und in zustände geraten. Wir sehn ferner die gleichartigen eigenschaften und thätigkeiten verschiedener dinge sich nach graden und weisen unterscheiden. Die dinge erscheinen uns ferner in räumlichen und zeitlichen beziehungen zu einander; ihre thätigkeiten sehn wir wirkungen verursachen, und wir setzen die dinge mit ihren eigenschaften und thätigkeiten auch in beziehung zu uns, die wir sie uns vorstellen und dabei bestimmte gefühle haben.

Ob nun jeder alles dies wahrzunehmen glaubt, das mag vorläufig dahingestellt bleiben. Das aber ist gewiss, dass es nicht jeder in gleicher weise wahrnimmt. Das lehrt uns eine genauere betrachtung des psychischen prozesses, den wir vorstellung nennen.

Wir sind geneigt, diese für etwas einheitliches, nicht weiter zerlegbares zu halten, weil sie uns als das bild eines einheitlichen objektes erscheint. Thatsächlich aber setzt sich eine vorstellung aus verschiedenen bestandteilen zusammen, die man als nicht weiter zerlegbare als elemente bezeichnen kann und zum unterschiede von elementaren gefühlen empfindungen nennen mag. Vergegenwärtigen wir uns nun einmal den ganzen vorgang, der sich in einem bestimmten falle abspielt. Nehmen wir einmal an, wir sähen eins jener grossen schneckengehäuse, die uns allen aus unsrer kindheit bekannt sind, wo wir das seltsam verschnörkelte ding ans ohr hielten, um uns leise vorsummen zu lassen, was die meeresflut draussen stürmisch rauschend singt.

Der physikalische reiz, den das objekt auf mein auge ausübt, ruft in diesem und in dem sehnerven eine periphere erregung hervor, d. h. einen in meinem körper stattfindenden, also physiologischen, aber ausserhalb des gehirns sich vollziehenden vorgang. Diese periphere erregung veranlasst ihrerseits eine zentrale, d. h. eine im gehirn vor sich gehende reizung. Diese wahrscheinlich im hinterhauptslappen des grosshirns und den vierhügeln des mittelhirns entstehende erregung löst eine lichtempfindung aus. Wie nun den verschiedenen punkten des tastorgans eine eigentümliche qualität der tastempfindung zukommt, die es uns immer oder doch wenigstens oft ermöglicht, auch bei geschlossenen augen zu bemerken, welche stelle unseres körpers eine berührung erfährt, so haben auch die verschiedenen punkte der netzhaut wahrscheinlich ihre ihnen eigentümliche qualität der empfindung, die man im anschluss an Lotze das lokalzeichen der netzhaut nennt. Es verbindet sich also mit der lichtempfindung das lokalzeichen der netzhaut je nach der stelle, auf die das objekt, das schneckengehäuse, einen eindruck gemacht hat. Nun ist aber die auffassungsschärfe der netzhaut nicht an allen punkten gleich gross. Die mitte derselben, die wegen der gelblichen färbung, die sie am menschlichen auge hat, der gelbe fleck genannt wird, zeigt die grösste deutlichkeit der empfindung, und diese verringert sich mit wachsender entfernung vom zentrum. Die mit der netzhaut verbundenen nerven rufen nun in den muskeln, die den augapfel bewegen, eine reflexbewegung hervor, die dahin zielt, den von dem schneckengehäuse ausgehenden physikalischen reiz mit dem gelben fleck aufzunehmen. Die bewegung des augapfels, die also stattfindet, um den gelben fleck an die stelle zu bringen, die zuerst von dem physikalischen reiz getroffen wurde, veranlasst nun wieder eine bewegungsempfindung. Endlich erzeugt dann noch die besondere stellung, die der gelbe fleck nach vollführter bewegung des auges einnimmt, eine empfindung von dem orte, an dem er sich befindet. Von diesen vier empfindungen kommt mir nun in der regel nur eine, die lichtempfindung, deutlich zum bewusstsein. Das lokalzeichen, die stellungs- und die bewegungsempfindung verhelfen mir nur dazu, die lichtempfindung auf eine bestimmte stelle des raumes zu beziehen. Alle vier bilden zusammen eine verschmelzung, in der eine, die lichtempfindung, das herrschende element ist.

Aber das objekt, das ich betrachte, kann auch noch andre empfindungen veranlassen. Ich nehme das schneckengehäuse in die hand und fühle rauhe und glatte stellen, ich bringe es ans ohr und höre es summen, und vielleicht gesellt sich auch noch eine geruchsempfindung dazu. Auch in dieser komplikation, d. h. in dieser verbindung von vorstellungen und empfindungen, die wir zwar auf dasselbe objekt beziehn, die aber verschiedenen sinnesgebieten angehören, gibt es eine je nach den umständen herrschende vorstellung oder empfindung, aber sie dominirt nicht in so starker weise, wie es das herrschende element in der verschmelzung thut. Wenn wir nun vor die aufgabe gestellt würden, einen passenden namen für das wahrgenommene objekt zu suchen, so würden wir diese aufgabe je nach dem gerade herrschenden merkmal recht verschieden lösen. Vielleicht würden wir es das summende nennen, vielleicht das gesprenkelte, vielleicht das gewundene. Und so würde es natürlich bei allen gegenständen sein.

Alles nun, was wir wahrnehmen, erscheint uns aber ferner unter ganz bestimmten verhältnissen. Eine blume erscheint uns nicht isolirt, sondern in irgend einer umgebung, bald dicht am boden, bald auf einer hecke. Hier sehn wir ein pferd einen karren ziehn, dort auf der weide herumspringen. Derartige komplexe von vorstellungen lassen aber naturgemäss verschiedene zerlegungen zu. Wir sehn eine blühende rose an einer hecke und sagen „die rose an der hecke blüht", als wenn sie eine thätigkeit ausübte. Wir können uns aber vorstellen, dass es · leute gibt, die eine derartige zerlegung und verknüpfung nicht vornehmen können. Wir können uns vorstellen, dass es manchem unmöglich scheint, die rose von der hecke zu trennen, dass es für ihn nur eine heckenrose gibt. Wir können uns auch vorstellen, dass manchem das blühen keine thätigkeit zu sein scheint, sondern eine eigenschaft.

Die art nun, wie jeder seine vorstellungen bildet, wie er gesamtvorstellungen in bestandteile zerlegt, diese in kategorien einordnet und mit einander zu einem gedanken verknüpft, das ist offenbar die art, wie er sich die welt vorstellt, wie er sie

— seiner ansicht nach — anschaut, also in des wortes eigenster
bedeutung seine weltanschauung.

Nun leben aber die menschen nicht in der einsamkeit,
sondern in irgend einer geistigen gemeinschaft. Was eine
solche zu stande bringt, ist in erster linie die sprache. Wir
wissen zwar, dass es keine von uns unabhängige sprache gibt,
sondern nur sprechende und des sprechens sich erinnernde in-
dividuen. Aber wenn auch die sprache eines jeden angehörigen
einer gemeinschaft eine nur ihm eigentümliche ist, so findet
doch infolge unausgesetzter gegenseitiger beeinflussung eine
starke annäherung statt; und alles, was innerhalb einer gemeinschaft gesprochen wird, ist bei aller verschiedenheit im verhältnis zu den in einer andren gemeinschaft stattfindenden äusserungen so einheitlich, dass man der kürze wegen schon von
einer französischen und chinesischen sprache reden darf, obwohl
beides natürlich eine abstraktion ist.

Erinnern Sie Sich nun des beispiels von dem schneckengehäuse! In einer geistigen gemeinschaft verbindet sich mit
der schon komplexen vorstellung noch eine wortvorstellung, und
diese wortvorstellung bleibt dieselbe bei einer grossen reihe von
verschiedenen ähnlichen objekten. Bei einer erinnerungsvorstellung von dem schneckengehäuse wird daher die wortvorstellung
als die am häufigsten dagewesene im blickpunkte des bewusstseins stehn, und diese wortvorstellung selbst lässt, wie wir
wissen, irgend ein merkmal am meisten hervortreten. Wenn
nun auch der einzelne vorstellungen haben kann, die keinen
sprachlichen ausdruck finden, so werden doch nur solche, über
die man sich verständigt, gemeingut werden. Für die weltanschauung einer geistigen gemeinschaft kommen also nur die
vorstellungen in betracht, die einen sprachlichen ausdruck gefunden haben. Die weltanschauung einer geistigen gemeinschaft
ist demnach die art, wie sprachlich zum ausdruck gelangende
vorstellungen gebildet werden, wie sprachlich auszudrückende
gesamtvorstellungen in bestandteile zerlegt, wie diese geordnet
und verknüpft werden.

Die art der vorstellungsbildung lehrt uns die etymologie
und die synonymik. Der zusammenhang des italienischen wortes
soldato „soldat" mit dem worte *soldare* zeigt, dass das merkmal
des insoldnehmens das dominirende ist, beim deutsch gewordenen

worte *soldat* dagegen denken wir nicht mehr in erster linie an die bezahlung, und wir würden es unbedenklich gebrauchen, um das griechische *stratiótēs* zu übersetzen, obwohl dieses ein ganz andres merkmal hervorhebt, die zugehörigkeit zum *stratós* dem heere, dem feldlager. Die zerlegung von gesamtvorstellungen in bestandteile, die dann geordnet und wieder verknüpft werden, verrät uns der sprachbau. Diese in der etymologischen und synonymischen gruppirung sowie im sprachbau zum ausdruck kommende weltanschauung einer geistigen gemeinschaft ist das, was man innere sprachform nennt.

Von dieser inneren sprachform oder weltanschauung einer geistigen gemeinschaft ist deren eigenart scharf zu trennen. Die geistige eigenart eines volkes besteht natürlich in allem psychischen, was in seiner gesamtheit das eine volk vom andren unterscheidet. Die geistige eigenart resultirt aus der summe der gemeinsamen vorstellungen. gefühle und willensmotive, sowie aus der art, wie vorstellungen gebildet, aus komplexen ausgelöst, geordnet und zusammengesetzt werden. Die geistige eigenart eines volkes umschliesst also dessen weltanschauung als einen ihrer teile, und deshalb muss zwischen beiden eine wechselwirkung bestehn.

Meine betrachtungen aber sollen sich nur auf den sprachbau richten und zwar nur auf den deutschen. Wir können aber natürlich den ihm zu grunde liegenden teil der weltanschauung nicht verstehn und nicht würdigen, wenn wir nicht anderes heranziehn, woran wir das unsrige messen.

Deshalb will ich, zunächst flüchtig skizzirend, darzustellen versuchen, wodurch sich der sprachbau des indogermanischen. wozu ja das deutsche gehört, von dem der übrigen sprachen zu unterscheiden scheint. Dann will ich, den kreis verengend, das germanische innerhalb des indogermanischen fixiren, um endlich festzustellen, was uns Deutsche wieder von den engeren stammesgenossen unterscheidet. Ob's gut ist oder schlecht, was der deutsche sprachbau von der weltanschauung seiner träger verrät, das mag sich später zeigen, genug, wenn er überhaupt enthüllt, was er umschliesst — denn den meisten scheint er ja gar nichts zu bergen —. Dafür aber, dass er seine seele offenbart, dafür will ich bürgschaft leisten.

Eine vollkommen klare und deutliche erkenntnis alles dessen, was die eigenart des indogermanischen sprachbaus ausmacht, setzt eine arbeit der beobachtung voraus, die vielleicht nie, bestimmt aber nicht in absehbarer zeit vollbracht werden kann. Denn offenbar lässt sich ohne vollkommene kenntnis des baus sämtlicher sprachen der erde nicht feststellen, was den bau aller indogermanischen sprachen von dem aller andren unterscheidet, was also dem indogermanischen sprachbau eigenartig ist, und ein solches wissen ist eben, wie Sie wissen, wenn nicht überhaupt ausgeschlossen, so doch sicherlich heute unerreichbar. Deshalb ist es vorläufig das empfehlenswerteste, etwas aufzusuchen, was die art des sprechens in erster linie bestimmen *muss*, und festzustellen, wie dieses in erster linie bestimmende erkennbar wird, um dann nach dem so gewonnenen merkmal eine gruppirung der sprachen vornehmen zu können, die wenigstens eine verhältnismässig grosse gewähr für die richtigkeit in sich trägt.

Was muss denn den sprachbau unbedingt in entscheidender weise beeinflussen? Wenn wir uns erinnern, dass man das sprechen zu den ausdrucksbewegungen rechnen muss, also zu vorgängen, bei denen das psychische das wesentliche ist, dann muss es uns klar werden, dass das, was *alles* psychische in entscheidender weise beeinflusst, was die psychische individualität schafft, auch die individualität des sprachbaus schaffen wird. Und was ist dies? Vergegenwärtigen wir uns, wie psychische vorgänge überhaupt zustande kommen, und die antwort wird

sich uns geradezu aufdrängen. Zweierlei ist nötig, damit seelische prozesse entstehen. Es müssen objekte vorhanden sein,
die reize ausüben, und subjekte, die auf diese reize reagiren.
Je nach den objekten werden natürlich verschiedene empfindungen und gefühle entstehen. Aber auch dasselbe objekt
muss je nach der reizbarkeit der subjekte verschiedenes hervorrufen, und diese von den objekten nicht unmittelbar abhängige
verschiedenheit der reizbarkeit ist offenbar das, was die individualität schafft.

Wenn wir uns nun die frage vorlegen, wie der jeweilige
grad der reizbarkeit erkennbar wird, dann müssen wir uns zunächst wieder die thatsache vergegenwärtigen, dass jeder von
einem äusseren objekte ausgehende, auf uns einwirkende reiz sowohl empfindungen wie gefühle hervorruft, d. h. psychische
elemente, die wir unmittelbar auf das äussere objekt beziehen,
und solche, die eine durchaus subjektive zuthat zu sein scheinen.
Der in jedem falle vorhandene grad der reizbarkeit wird demnach in doppelter weise erkennbar werden, erstens in seinem
einfluss auf den verlauf der empfindungen und der aus diesen
zusammengesetzten vorstellungen und vorstellungskomplexe,
zweitens in seinem einfluss auf die gefühle und die aus diesen
bestehenden affekte und willensvorgänge. Je grösser die reizbarkeit ist, desto schneller wird ein äusserer eindruck stattfinden,
desto schneller wird er also auch durch einen neuen verdrängt
werden, und die nie fehlenden assoziationen von ähnlichen,
früher dagewesenen elementen werden sich auf das am nächsten
liegende beschränken. Gleichzeitig wird der verlauf der gefühle
den grad der reizbarkeit dadurch verraten, dass er deren stei-
gerung entsprechend mehr und mehr in rasche, triebartige wirk-
samkeit der willensmotive ausarten wird. Es versteht sich nun
von selbst, dass nicht immer die vorstellungen und gefühle mit
gleicher stärke auftreten werden. Die wahrscheinlichkeit spricht
vielmehr dafür, dass in jedem falle entweder die vorstellungen
oder die gefühle dominiren, und es ist denkbar, dass bei einem
individuum eins von beiden unter normalen verhältnissen immer
vorherrscht. Wenn wir nun vorläufig der übersichtlichkeit wegen
nur eine grosse und geringe reizbarkeit unterscheiden, obwohl
natürlich sämtliche stärkegrade vorkommen können, und wenn
wir dabei sowohl für die grosse wie für die geringe reizbarkeit

einen fall des vorherrschens der vorstellungen und einen fall des vorherrschens der gefühle annehmen, obwohl natürlich sämtliche zwischenstufen möglich sind, so ergeben sich vier psychische zustände, die den sogenannten vier temperamenten entsprechen:

1) ein zustand grosser reizbarkeit mit vorherrschen der vorstellungen, das sanguinische temperament;

2) ein zustand grosser reizbarkeit mit vorherrschen der gefühle, das cholerische temperament;

3) ein zustand geringer reizbarkeit mit vorherrschen der vorstellungen, das phlegmatische temperament;

4) ein zustand geringer reizbarkeit mit vorherrschen der gefühle, das melancholische temperament.

Der sanguiniker reagirt auf jeden eindruck, und weil er auf jeden reagirt, und die vorstellung dabei dominirt, kann das mit dieser verbundene gefühl nicht lange anhalten und nur selten zur leidenschaft werden. Seine gefühle vermögen die vorstellungen im allgemeinen höchstens zu stören, nicht aber stark zurückzudrängen; zu stören insofern, als sie den unmittelbar von einem äusseren objekte gewonnenen eindruck hemmen, wodurch dann die assoziirten elemente, die nicht unmittelbar auf äussere eindrücke zurückgehn, an intensität gewinnen und illusionen schaffen. Diese beim sanguiniker häufigen illusionen, die ihn allerlei sehen lassen, was andere nicht sehn, machen ihn leichtgläubig und zu erzählungen geneigt, die wie lügen klingen. Weil ihm die zeit zum nachdenken fehlt, wird all seine klugheit für kleinigkeiten verausgabt, kann sein interesse nicht mehr als neugier, seine rede nicht mehr als geschwätz werden.

Der choleriker erregt sich bei jedem eindruck, wird leidenschaftlich in freude und schmerz, in freundschaft und feindschaft. Aber alles muss schnell vergehn, weil jeder neue eindruck ein neues gefühl hervorruft, das sich gleich heftig wie das vorausgegangene vordrängt.

Der phlegmatiker zehrt lange an einem einmal gewonnenen eindruck, weil ein neuer sich nur langsam einlass verschafft, und kein starkes gefühl den verlauf der vorstellung beeinflusst. So wird sein leben ein beschauliches, nüchtern beschauliches, das keine illusion kennt und keine voreilige that.

Der melancholiker kann nicht zur beschaulichkeit kommen, weil das immer stärkere gefühl dies verhindert, kann aber auch nicht in schnell vergehender leidenschaft aufbrausen, weil alle eindrücke dafür zu langsam erfolgen, und so reift der fast ungestörte verlauf der gefühle zu starkem selbstbewusstsein und zäher energie.

Wie wir nun unbedenklich von der sprache eines volkes reden, obwohl wir wissen, dass wir dabei die angemessenheit des ausdrucks seiner kürze zum opfer bringen, so dürfen wir auch von der psychischen individualität eines volkes sprechen und beispielsweise von dem sanguinischen temperament der neger reden, ohne damit zu leugnen, dass *ein* neger einem *andren* neger gegenüber vielleicht ein phlegmatiker genannt werden kann.

Wenn ich nun versuche, die hinreichend bekannten sprachen nach dem grade und der art der reizbarkeit ihrer träger zu gruppiren, so darf ich mich natürlich nicht dadurch, dass man nur vier temperamente unterscheidet, bestimmen lassen, sie in vier klassen zu zwängen. Ich muss übergangsstufen annehmen, und ich betone ausdrücklich, dass innerhalb jeder klasse wieder eine reihe von abstufungen nachweisbar ist und für die gruppe des indogermanischen auch von mir nachgewiesen werden soll. Die verteilung ergibt sich aus nebenstehender tabelle, deren anordnung ich jedoch mit rücksicht auf die spärlich bemessene zeit nur durch gelegentliche andeutungen begründen kann.

Um nun die einreihung des indogermanischen zu rechtfertigen, muss ich Ihnen zeigen, wie die verschiedene reizbarkeit erkennbar wird, wenn auch in aller kürze, unter beschränkung auf einige beispiele. Aber selbst bei dieser beschränkung reicht die mir heute zur verfügung stehende zeit nicht aus, um die eigentümlichkeit jeder klasse zu skizziren. Daher werde ich mich heute nur damit beschäftigen, den einfluss der grossen und geringen reizbarkeit zu veranschaulichen.

Da die sprache fast ausschliesslich aus vorstellungsäusserungen besteht, so wird der einfluss der reizbarkeit auf die gefühle in ihr natürlich weniger erkennbar werden als der einfluss auf den vorstellungsverlauf, und zwar zeigt sich dieser in dem den jeweiligen umfang des bewusstseins andeutenden mehr oder weniger fragmentarischen charakter der rede. Dabei wird jeder grad der reizbarkeit bei vorherrschenden gefühlen wegen der grösseren verausgabung für diese weniger auf die einengung

Vorherrschen der vorstellungen.	Annähernd gleiche stärke von vorstellungen und gefühlen.	Vorherrschen der gefühle.	
Die Bantu-sprachen. Die sprache der Hottentoten. Die sprachen der Buschmänner. Die sprachen der afrikanischen Neger mit ausschluss der Nilneger u. bewohner von Bornu. Die sprachen der Nilneger. Die sprachen der Nubas. Die hamitischen sprachen. Die sprachen der bewohner von Bornu.	Die indogermanischen sprachen.	Die polynesischen sprachen. Die melanesischen sprachen. Die australischen sprachen. Die malayischen sprachen.	Grosse reizbarkeit.
Die indochinesischen sprachen und die sprachen der aboriginer Hinterindiens und Cochinchinas.		Die semitischen sprachen.	Mittlere reizbarkeit.
	Die sprache der Basken. Die kaukasischen sprachen.		
Die Dravida-sprachen. Die ural-altaischen sprachen. Die sprachen der Hyperboreer mit ausschluss der sprache der Eskimos.		Die sprachen der amerikanischen rasse. Die sprachen der Eskimos.	Geringe reizbarkeit.
Vorherrschen der vorstellungen.	Annähernd gleiche stärke von vorstellungen und gefühlen.	Vorherrschen der gefühle.	

des bewusstseins-umfangs einwirken als bei vorherrschenden vorstellungen.

Ich beginne mit einer kurzen, sich auf das allernotwendigste beschränkenden charakteristik einer Bantu-sprache, und zwar wähle ich als repräsentanten dieses eigenartigen sanguiniker-idioms das Tonga, das zwischen dem Bangweolo-see und den Viktoriafällen, also annähernd im zentrum des Bantugebiets ge-sprochen wird, weil diese sprache das typische im allgemeinen am besten erkennen lässt.

Die ganze gestaltung des satzes beruht im Tonga wie auch in allen andren Bantu-sprachen auf der nominalbildung, und diese hat das merkwürdige an sich, dass sie noch weit merk-würdiger ist, als sie dem flüchtigen beobachter zu sein scheint.

Abgesehn von eigennamen und einigen verwandtschafts- und tierbezeichnungen ist jedes substantivum der Tongasprache mit einem präfix verbunden, deren es achtzehn gibt, nämlich 1. *mu-*, 2. *ba-*, 3. *mu-*, 4. *mi-*, 5. *(l)i-*, 6. *ma-*, 7. *ci-*, 8. *ɛi-*, 9. *in-*, 19. *(z)in-*, 11. *lu-*, 12. *tu-*, 13. *ka-*, 14. *bu-*, 15. *ku-*, 16. *(p)a-*, 17. *ku-*, 18. *mu-*. Wie Sie, vielleicht missfällig, bemerken. nenne ich das präfix *mu-* dreimal, das präfix *ku-* zweimal. Dies geschieht jedoch mit recht, und zwar deshalb, weil die drei präfixe *mu-* und die zwei präfixe *ku-* insofern wirklich existiren, als die syntax uns belehrt, dass man sich der verschiedenheit trotz lautlichem gleichklang noch bewusst ist.

Die bedeutung dieser präfixe ist nicht mit sicherheit fest-gestellt und wird sich wahrscheinlich nie feststellen lassen. Nur zum teil können wir den kreis der objekte umgrenzen, deren benennungen ein bestimmtes präfix erfordern. So findet sich das präfix *mu-* der 1. klasse nur bei bezeichnungen einzelner lebender wesen wie *mu-ntu* „person,“ *mu-alume* „ehemann,“ *mu-ana* „kind.“ So bildet das präfix *ba-* einen pluralis der substantiva. die in der einzahl das präfix *mu-* der 1. klasse haben, z. b. *ba-ntu* „leute“ zu *mu-ntu*, *ba-alume* „ehemänner“ zu *mu-alume*, *ba-ana* „kinder“ zu *mu-ana*. So bildet das präfix *ku-* der 15. klasse nomina, die annähernd dem indo-germanischen verbalsubstantiv oder infinitiv entsprechen, wie *ku-ba* „stehlen,“ *ku-bona* „sehn,“ *ku-fua* „sterben,“ aber auch bezeichnungen für körperteile und flüsse wie *ku-tui* „ohr“, *ku-bako* „arm,“ *ku-ulu* „fuss,“ *Ku-bango*, *Ku-anza* etc.

Welchem zwecke dienen denn diese präfixe? werden Sie fragen. Deuten sie vielleicht wie unsere kasusendungen irgendwelche beziehungen an, in denen das objekt gedacht wird? Das können sie nicht thun. Denn ein wort wie *mu-konka* „kokospalme" ist weder ein nominativus, noch ein genitivus, noch ein akkusativus noch sonst irgend etwas unseren kasus entsprechendes. Tritt ein anderes präfix vor, so bezeichnet das ganze überhaupt eine andere, wenn auch verwandte, vorstellung. So bezeichnet *i-konka* eine kokosnuss. Entsprechend steht *mu-bua* „hund" neben *ka-bua* „hündchen", *mu-panda* „kreuz" neben *i-panda* „wasserschildkröte". Mithin scheinen die präfixe den indogermanischen stammsuffixen zu entsprechen. Wie im lateinischen *actus*, *actor* und *actio* nebeneinander stehen, so finden sich im Tonga in etwas reicherer entwickelung *mu-samo* „baum", *mi-samo* „bäume", *li-samo* „balken", *ma-samo* „balken" (plur.), *in-samo* „stock", *zin-samo* „stöcke", *ci-samo* „holzblock", *zi-samo* „holzblöcke", *ka-samo* „ast", *tu-samo* „äste, stöcke". Diese ansicht hat allerdings mehr für sich. Das Tongawort besteht aus einem präfix und einer wurzel, wie der indogermanische stamm aus einer wurzel und einem suffix besteht, und in beiden fällen wird durch die beiden notwendig mit einander verbundenen elemente *eine* vorstellung bezeichnet. Das Tongawort unterscheidet sich jedoch vom indogermanischen stamm dadurch, dass einer der beiden teile des vorstellungsausdrucks, und zwar das präfix, allein vorkommen kann, was beim indogermanischen stamm nicht der fall ist. Diese abtrennung des präfixes als eines teils des vorstellungsausdrucks findet immer statt, wenn irgend etwas auf das nomen als den ausgangspunkt des satzes bezogen wird. Wenn beispielsweise ein genitivverhältnis gebildet werden soll, so wird das stets folgende bestimmende wort mit einer partikel *a* verbunden, die man durch eine präposition wie „von" oder auch durch ein relativpronomen übersetzen kann. Dieser partikel *a* geht jedoch ein je nach der klasse des nomens verschiedenes, sogenanntes verbindendes pronomen voraus, z. b.: *mu-cila u-a mu-lavu*, etwa: „schwanz-der-von-löwe", d. h. „der schwanz des löwen", *mi-cila i-a ba-lavu*, etwa: „schwänze-die-von-löwen", d. h. „die schwänze der löwen". Bedeutet dieses *u, i* nun aber wirklich „der, die"?

Betrachten Sie diese tabelle und urteilen Sie selbst!

Klassenpräfixe.	Verbundene pronomina.	
1. *mu-*	*u-*	objekt *mu-*
2. *ba-*	*ba-*	
3. *mu-*	*u-*	
4. *mi-*	*i-*	
5. *(l)i-*	*li-*	
6. *ma-*	*a-*	
7. *ci-*	*ci-*	
8. *zi-*	*zi-*	
9. *(i)n-*	*i-*	
10. *(zi)n-*	*zi-*	
11. *lu-*	*lu-*	
12. *tu-*	*tu-*	
13. *ka-*	*ka-*	
14. *bu-*	*bu-*	
15. *ku-*	*ku-*	
16. *pa-*	*pa-*	
17. *ku-*	*ku-*	
18. *mu-*	*mu-*	

Es ist kein zweifel. Die durch die schrift hervorgehobenen pronomina sind verkürzte klassenpräfixe, die anderen sind diese selbst.

Mit hülfe dieser pronomina werden nun auch die unseren verben entsprechenden ausdrücke gebildet, z. b. *mu-ana u-bona mi-samo*, etwa: „kind - es - sehn - baum", d. h. „das kind sieht den (einen) baum"; *tu-cece tu-bona mi-samo*, etwa: „kleines kind - es - sehn - baum", d. h. „das kleine kind sieht den (einen) baum". Ist das objekt ein pronomen, so tritt es vor den verbalstamm, z. b. *mu-ntu u-teka ma-nzi; mu-ana u-mu- bona*, etwa: „mann - er - schöpfen - wasser; kind - es - ihn - sehn", d. h. „der mann schöpft wasser; das kind sieht ihn".

Es ergibt sich also, dass die präfixe einerseits bestandteile des vorstellungsausdrucks sind, andrerseits aber noch soviel selbständigkeit besitzen, dass sie neue verbindungen eingehn können, wenn auf das objekt hingewiesen werden soll, an dessen bezeichnung sie teilnehmen. Da nun das präfix einen teil der vorstellung von einem objekte bezeichnet, die wurzel aber das bezeichnet, was wir von dem objekte wahrnehmen, so bezeichnet das präfix das objekt ohne rücksicht auf das, was wir wahrnehmen, ohne rücksicht auf seine attribute, d. h. die eigenschaften, zustände und thätigkeiten, die wir dem dinge zuschreiben. Der psychische vorgang beim aussprechen eines satzes wie *mu-ana u-a-ko u-a-fua nd-a-mu-zika* „dein kind ist tot, ich habe es begraben" ist demnach etwa folgender. Der sprecher sagt sich: Das (lebende) objekt da, *mu-*, mit den attributen *-ana*, also *mu-ana* „das kind" — nicht etwa ein lebendes objekt *mu-* mit den attributen *-ame*, *-lavu* oder anderen, kein *mu-ame* „häuptling", kein *mu-lavu*, „löwe" — dieses objekt *u-*, von dessen attributen ich jetzt absehn kann, steht in beziehung, *-a-*, zu dir, *ko*; dieses objekt, *u-*, ist in einen zustand geraten, *a*, nämlich den zustand „tod", *-fua*, ich, *-nd(i)*, habe eine thätigkeit ausgeübt, *a*, in bezug auf das objekt *mu-*, und zwar die thätigkeit „begraben", *zika*.

Grundverschieden von diesen lose aneinander gereihten bruchstücken der rede sind die kleinsten redeglieder derjenigen sprachen, die von völkern von geringer reizbarkeit bei vorherrschendem vorstellungsverlauf angewandt werden, soviel ähnlichkeit man auch auf den ersten blick zu entdecken glauben mag. Dass es sich in diesen sprachen nicht um präfixe, sondern um suffixe handelt, kann an sich die ähnlichkeit nicht aufheben. Auch das Hottentotische ist eine suffixsprache. Aber dabei ist sie nicht viel weniger fragmentarisch als das Tonga. Ob das, was den pluralis oder irgend einen kasus im sinne der indogermanischen sprachen bezeichnet, der wurzel vorausgeht oder folgt, kommt ja für die vorliegende frage natürlich nicht in betracht, und zunächt ist die möglichkeit zuzugeben, dass ein türkisches wort wie *qul-lar* „sklaven", wo die mehrheit durch *lar* angedeutet wird, sich nicht wesentlich von dem gleichbedeutenden *ba-zike* des Tonga unterscheidet. Wenn wir nun gar hören, dass „im hause" auf türkisch *ev-de* heisst, und dass die endung *de* so lose mit der wurzel oder dem stamme *ev* verbunden ist, dass ein besitzanzeigendes fürwort zwischen beide treten kann, dann scheint uns fast bestimmt dasselbe verhältnis vorzuliegen wie beim worte *mu-n-ganda* „im hause" in der Tongasprache. Soviel ist nun allerdings auch ganz richtig, dass die suffixe des türkischen nicht so mit der wurzel oder dem stamme zu einer einheit verwachsen sind, wie dies bei den indogermanischen der

2*

fall ist. Sie unterscheiden sich jedoch von den präfixen der
Bantusprachen ganz wesentlich dadurch, dass sie nicht bestandteile eines vorstellungsausdrucks sind, sondern nähere bestimmungen des schon im stamme bzw. der wurzel liegenden vorstellungsausdrucks. *ba-zike* besteht aus zwei, annähernd gleich-
wertigen, lose aneinandergereihten bruchstücken der rede, *qul-lar*
besteht aus zwei gliedern, von denen das eine dem andren un-
tergeordnet ist, dieses nur näher bestimmend. Im vorliegenden
falle ergibt sich das schon daraus, dass *qul* allein vorkommen
kann, und zwar als der nicht näher bestimmte ausdruck für die
vorstellung „sklave“, während dies bei *zike* nicht möglich ist.
Was aber für die numerus- und kasus-affixe gilt, das gilt auch
für die stammbildenden. Dies zeigt sich auf dem ganzen gebiete der hierher gehörenden sprachen. Am deutlichsten erkennbar aber wird es überall da, wo, wie im türkischen, die
sogenannte vokalharmonie herrscht. Deshalb will ich, ohne auf
einzelheiten einzugehn, deren wesen kurz andeuten. Während,
von vereinzelten ausnahmen abgesehn, das suffix keinen einfluss
auf den stamm oder die wurzel ausübt, bestimmt dieser bzw.
diese die wahl des suffixes, und zwar insofern, als auf bestimmte
vokale der wurzel nur bestimmte suffixvokale auftreten können.
So lautet im türkischen der pluralis zu *qul* „sklave“, wie schon
erwähnt, *qul-lar*, ebenso zu *kitâb* „buch“ *kitâb-lar*. Wo dagegen der wurzelvokal *e* ist, wie im worte *ev* „haus“, muss das
suffix *ler* lauten, also *ev-ler* „häuser“. Diese erscheinung, die
Ihnen vielleicht bei der lektüre von Otfrids evangelienbuch
schon aufgefallen ist, wo *hôhona* statt *hôhana* erscheint, aber
scininlaz statt *scinanlaz*, beweist offenbar, dass dem sprecher
bei der äusserung des suffixes der vokal der wurzel noch bewusst sein muss, während es bei einem angehörigen der Bantu-
völker nicht vorausgesetzt zu werden braucht, dass ihm bei
der wiederholung eines präfixes noch erinnerlich ist, womit
dieses verbunden war. Diese vokalharmonie beherrscht nun aber
die gesamte stammbildung, und die, wie schon angedeutet, noch
ziemlich selbständigen suffixe können unter umständen geradezu
angehäuft werden. Von der wurzel *ač* „öffnen“ beispielsweise
lässt sich ein wort wie *ač-dɩr-ama-maq* „nicht öffnen lassen
können“ bilden. Die entsprechende bildung von der wurzel *sev*
„lieben“ lautet dagegen *sev-dir-eme-mek*. Derartiges liesse sich

jedoch noch anlängen. Man könnte sagen, wenn man es auch nicht gerade oft sagt, *ač-iš-dir-il-ama-may* „nicht gegenseitig geöffnet werden können", was, mit der wurzel *sev* unternommen, *sev-iš-dir-il-eme-mek* verlangen würde. Die thatsache also, dass man in einem derartigen falle bis zum fünften suffix den wurzelvokal im bewusstsein haben muss, zeigt, dass die sprache eines phlegmatikers verrät, wie lange ein einmal gewonnener eindruck festgehalten wird.

Diese beiden typen fragmentarischer und massiver redeweise zeigen nun auch die sprachen der völker, bei denen der verlauf der gefühle im allgemeinen vorherrscht, aber sie erscheinen wesentlich modifizirt durch das weit stärkere festhalten der eindrücke. Die unmöglichkeit, von den attributen eines objektes abzusehen, lässt bei den Polynesiern, Melanesiern, Australiern und Malayen keine derartige zerlegung des vorstellungsausdrucks in zwei teile aufkommen, wie sie in den Bantusprachen erscheint. Aber das, was alle diese sprachen bei mancher verschiedenheit im einzelnen charakterisirt, die zweisilbigkeit der wurzeln, scheint darauf hinzuweisen, dass selbst die einfache vorstellung nicht in einem augenblicke erfasst und zum ausdrucke gebracht werden kann. Die sprachen der Amerikaner andrerseits zeigen den massiven charakter des ural-altaischen mit der wesentlichen modifikation, dass nicht wie dort eine vorstellung so lange festgehalten wird, bis sie je nach bedarf alle der deutlichheit dienenden näheren bestimmungen und ergänzungen erfahren hat, sondern dass vielmehr die ganze anschauung so wenig wie möglich zerlegt wird, oder dass eine reihe von vorstellungen zu einem ausdruck zusammengefasst wird. Ersteres erscheint beispielsweise im Tschiroki in ausdrücken wie *kutuwo* „ich wasche mich", *kulestula* „ich wasche mir den kopf", *tsestula* „ich wasche einem andren den kopf", *kukuskwo* „ich wasche mir das gesicht", *tsekuskwo* „ich wasche einem andren das gesicht", *takasula* „ich wasche mir die hände oder füsse", *takunkela* „ich wasche meine kleider", *ta kutega* „ich wasche schüsseln", *tseyuru* „ich wasche ein kind", *kowela* „ich wasche fleisch". Letzteres erscheint in der auf amerikanischem gebiete weit verbreiteten sogenannten einverleibung, die ich möglichst kurz am beispiel des Nawatl, der sprache der Azteken, der alten kulturträger Mexikos, erläutern will.

Das wesen der mit der eben besprochenen erscheinung nahe verwandten einverleibung besteht darin, dass der versuch gemacht wird, den ganzen satz zu einem einzigen worte zu gestalten, wobei der ausdruck der thätigkeit den mittelpunkt bildet. Unser deutscher satz „ich liebe dich", um zunächst ein einfaches, auch den grammatikern geläufiges beispiel zu nehmen, lautet im Nawâtl: *ni-mits-tlazòtla*, wörtlich etwa „ich - dich - liebe". Diese bildung wird Ihnen nun vielleicht nicht besonders eigenartig erscheinen. Sie werden an das französische *je t'aime*, an das italienische *io ti amo* denken, werden Sich vielleicht auch erinnern, dass selbst in dem angeblich grundverschiedenen Tonga das objekt zwischen dem subjekt und prädikat vorkam, nämlich in der verbindung *nd-a-mu-zika* „ich - habe - es [das kind] -begraben", und in der that würde das *ni-mits-tlazòtla* des Nawâtl im Tonga durch ein scheinbar genau entsprechendes *ndi-ku-yanda* „ich - dich - liebe" wiederzugeben sein. Doch ich halte, wie Sie erraten müssen, die genauigkeit der entsprechung nur für schein. Dass die einverleibungsart des Nawâtl etwas ganz andres ist als das, was im Tonga, im französischen und italienischen vorliegt, ist leicht zu zeigen. Schon der umstand muss uns stutzig machen, dass nicht nur das pronominale objekt zwischen das subjekt und den thätigkeitsausdruck tritt, sondern auch das nominale, und ausser diesem auch noch eine reihe von andern bestimmungen. So heisst es: *ni-teō-tlazòtla* „ich - Gott - liebe", *ti-šōtši-tēmoa* „du - blumen - suchst", *ti-petla-tšīwā* „wir matten machen", oder, was häufiger ist, mit isolirtem, nachgestelltem objekt und einverleibtem, auf dieses hinweisendem pronomen, *ni-k-tlazòtla in teō-tl* „ich - ihn - liebe den gott", *ni-k-tšīwa zē kal-li* „ich - es - baue ein haus" u. s. w., aber auch *ni-k-šōtši-tēmoa kwîka-tl* „ich - sie - blumen - suche lied", d. h. „ich suche blumen wie lieder", *ni-k-tle-watsa in naka-tl* „ich - es - feuer - brate das fleisch", d. h. „ich brate das fleisch auf dem feuer" u. s. w. Von derartigen bildungen lässt sich nur der eine typus, *ni-k-tlazòtla in teō-tl*, in den Bantusprachen wie ja auch im romanischen nachahmen. Aber die einverleibung des nominalen objekts ist auch auf amerikanischem gebiete die ausnahme. Sie ist daher nicht geeignet, einen durchgreifenden unterschied zu begründen. Aber sie weist auf einen solchen hin. Die thatsache, dass alles dem verbum einverleibte isolirt nicht in gleicher form vorkommt, zeigt, dass komposita vorliegen, und nicht lose aneinanderreihungen, während andrerseits ohne weiteres ersichtlich ist, dass es nicht komposita sind, die einen einzigen begriff zum ausdruck bringen. Wollte man nun aber behaupten, des französische *je t'aime* sei doch auch ein derartiges satzwort, so müsste man zugeben, dass es dem *ni-k-tlazòtla* allerdings sehr ähnlich ist und auch wohl für gleichartig gehalten werden könnte, wenn eine gesamtbetrachtung beider sprachen nicht eine zu grosse verschiedenheit sehen liesse. Denn wie im Nawàtl kein isolirtes *ni* erscheint, sondern nur *nèwatl* [bzw. *nèwa nè*], so heisst es ja auch im französischen in einem solchen falle *moi*, und nicht *je* — von kanzleiblüten wie *je, soussigné, certifie* ... darf, ja, muss man ja absehn — wie im Nawàtl kein isolirtes *k* vorkommt, so gibt es ja auch kein französisches *t*. Berücksichtigt man aber, dass im Nawàtl das einverleibte pronomen regelmässig auch dann erscheint, wenn das objekt isolirt folgt, wie *ni-k-tlazòtla in teō-tl*, was sich im französischen ja allerdings nachahmen lässt, aber nicht nachgeahmt zu werden *braucht*, dann erkennt man, dass der Amerikaner sein verbum gar nicht vom objekte trennen kann.

Mit diesen flüchtigen andeutungen müssen Sie Sich vorläufig begnügen. Ich werde in meinem nächsten vortrage zu zeigen versuchen, was die sprachen der völker von mittlerer reizbarkeit charakterisirt, um dann nach einem kurzen rückblick die stellung des indogermanischen, und innerhalb dieser gruppe wieder die des germanischen und im besonderen des deutschen zu fixiren.

Wenn es wahr ist, was ich behauptet habe, wenn den indo-chinesen, den aboriginern Hinterindiens und Cochinchinas an-nähernd derselbe mittlere grad der reizbarkeit eigen ist, wie den semiten, dann dürfen wir erwarten, dass bei ihnen allen die einzelvorstellung weder in bruchstücke zerlegt noch in komplexen festgehalten wird, sondern als ein unzerlegbares, verhältnismässig scharf abgegrenztes und so scheinbar isolirtes ganzes erfasst und zum ausdruck gebracht wird. Ist es denn aber überhaupt wahr? Sind die semiten nicht vielmehr weit erregbarer als die indo-chinesen und die andren genannten ostasiaten, die ja wohl nicht dieselbe schwerfälligkeit zeigen wie die übrigen völker derselben rasse, aber doch, an *uns* gemessen, noch phlegmatiker genannt werden können, während dies bei den semiten doch nicht der fall zu sein scheint?

Bisher habe ich mit rücksicht auf die kärglich zugemessene zeit darauf verzichtet, mein urteil über das temperament der verschiedenen völker zu begründen; und wenn ich Ihnen nicht die letzte hoffnung auf baldige beendigung meiner schon langen einleitung rauben soll, dann muss ich auch heute, wo ich nicht ganz so enthaltsam sein werde, doch sparsam mit den worten umgehn. Aber weil einige wenige worte der andeutung in diesem falle genügen, brauche ich sie andrerseits auch nicht ganz zu unterdrücken.

Ich gebe zu, dass die semiten nach allem, was wir von ihnen wissen, erregbarer im handeln erscheinen als die indo-chinesen und die ihnen zur seite gestellten übrigen ostasiaten.

.

Andrerseits aber weist die *sprache* der semiten auf eine etwas
geringere erregbarkeit, und dieser scheinbare widerspruch erklärt
sich, wie ich glaube, durch das vorwiegen der gefühle bei den
semitischen völkern. Denn bei gleicher reizbarkeit wird diese
in den handlungen mehr zu tage treten, wenn gefühle vorherrschen,
als wenn die vorstellungen dominiren, da sich die zum handeln
führenden affekte aus den gefühlen entwickeln. Andrerseits
wird dieselbe reizbarkeit weniger auf die einengung des bewusst-
seinsumfangs einwirken, wenn die gefühle vorwiegen, als wenn
die vorstellungen dominiren, weil die sprache fast ausschliesslich
aus vorstellungsäusserungen besteht, diese also nur mittelbar
durch alles berührt werden, was für gefühle verausgabt wird.

Zeigt sich denn aber beim semiten wirklich ein solches
vorwalten von gefühlen? Ich glaube, es *hat* sich mindestens
gezeigt. Zweimal hat das semitentum die welt mit einer religion
beschenkt, und in jedem falle hat sie sich zur weltreligion entwickelt, weltreligion in dem sinne, in dem wir auch von welt-
sprachen reden. Nur der buddhismus übertrifft beide, das
christentum und den islam, durch die zahl der anhänger. Vom
semiten hat man auch die intoleranz und den fanatismus gelernt,
und die schüler haben es bei allem eifer nicht fertig gebracht,
ihren lehrern über den kopf zu wachsen. Der semite hat nie
sinn für plastik und malerei gezeigt, die sinnliche freude am
anschauen des für schön gehaltenen voraussetzen, und auch kaum
für die demselben quell entstammende epik. Die litteratur der
semiten ist lyrik, das überquellen des gefühls. Und nun denken
Sie endlich an die unter uns lebenden semiten, die nicht gerade
alle reine gemütsmenschen sind, die aber fast ausnahmslos die
musik lieben, und selten ohne gegenliebe, die also doch inmitten
eines gewebes von krämergedanken noch eine fülle des gefühls
in sich bergen, die zu gross ist, um nicht überzuquellen.

Wodurch verraten denn nun die sprachen aller heute angeführten völker den für alle von mir angenommenen mittleren
grad der reizbarkeit, und worin zeigt sich der vorauszusetzende
etwas massivere charakter der semitischen idiome?

Was sowohl den indochinesischen wie den mit diesen genea-
logisch wahrscheinlich gar nicht verwandten mon-annamitischen
sprachen und auch dem idiom der khassia ein eigenartiges gepräge gibt, ist die einsilbigkeit der zwar nicht ausnahmslos,

aber doch in der regel unveränderlichen stammwörter. Dass die
durch diese zum ausdruck gebrachten vorstellungen als unzer-
legbare ganze aufgefasst werden, liegt auf der hand. Aber eine
andre frage drängt sich auf: Ist es denkbar, dass jemand, der
eine solche sprache redet, beispielsweise der chinese, diese wurzel-
artigen gebilde als isolirte im bewusstsein trägt? Denn um
wurzelartige gebilde, nicht um wörter, wie wir sie haben, handelt
es sich in den meisten fällen. Wenn wir hören, das chinesische
fú heisse „vater" und *mú* heisse „mutter", dann werden wir
freilich unbedenklich annehmen und annehmen dürfen, dass sich
der chinese dieser wörter in derselben weise bewusst ist, wie
der franzose die ebenfalls einsilbigen und durch nichts formelles
näher bestimmten wörter *père* und *mère* im bewusstsein trägt.
Wenn wir aber hören, *tá* fungire je nach dem zusammenhang
als substantivum, adjektivum, verbum factitivum, verbum neutrum
oder adverb, und wenn wir dann erfahren, dass eine derartige
vieldeutigkeit die regel sei, dann stehn wir wieder *vor* der schon
aufgeworfenen frage. Sollen wir annehmen, dass der chinese
nichts von den unterscheidungen wisse, die wir durch die über-
setzung verraten? Denkbar wäre es allerdings; und bei einigen
völkern der hier behandelten gruppe trifft es auch zum teil zu.
Beim chinesen aber ist es nicht der fall. Feste stellungsgesetze
und hülfswörter ermöglichen es ihm, ein und dasselbe wort des
lexikons mit derselben genauigkeit bald als substantivum, bald
als verbum zu charakterisiren, wie dies mit dem isolirt auch
mehrdeutigen englischen *love* geschehen kann, wie in dem satze:
let us love one another; for love is of God. Ja, nicht nur die
redeteile werden deutlich geschieden, auch kasusbeziehungen
sowie prädikative und attributive verhältnisse finden einen deut-
lichen ausdruck. Wenn also der chinese die einzelnen silben —
wurzeln, stämme oder worte — immer als isolirte redeglieder
im bewusstsein tragen sollte, dann müssten wir ihm ein ab-
straktes denken zuschreiben, das mindestens unwahrscheinlich
ist. Ganz unglaublich aber wird es, wenn wir hören, wie anschaulich manches erfasst wird, was wir abstrakt ausdrücken.
So werden die begriffe lesen, essen, töten in der regel nicht
durch *ein* wort bezeichnet, sondern durch zwei, von denen das
eine ein gewissermassen stellvertretendes objekt andeutet. Man
sagt: *tuk šä* „lesen - buch" für „lesen", *č'ik fän* „essen - reis"

für „essen", *šal žin* „töten - mensch" für „töten", redet also in
diesem falle noch anschaulicher, als die azteken es thun, die
da sagen: *tla-kwa* „etwas essen" für „essen", *tĕ-miktia* „jemanden
[einen menschen] töten" oder *tla-miktia* „etwas [ein tier] töten"
für „töten".

Da also der chinese weder mit ganz abstrakten begriffen
noch mit ganz verschwommenen vorstellungen operirt, und da
andrerseits die kleinsten glieder seiner rede im allgemeinen nur
innerhalb einer bestimmten gruppe ihre volle bestimmtheit er-
langen, so muss er im allgemeinen nicht einzelne vorstellungen,
sondern gruppen von vorstellungen im bewusstsein tragen. Also
scheint es doch nicht der fall zu sein, dass die einzelvorstellung
nicht nur als unzerlegbares, sondern auch als scharf abgegrenztes,
scheinbar isolirtes ganzes erfasst und zum ausdruck gebracht
wird. Und doch ist es der fall. Denn diese wurzelgruppen
sind in der überwiegenden zahl der fälle keine unzerlegbaren
komposita, sondern lockere verbindungen von elementen, die
unverändert auch in andre zusammensetzungen aufgenommen
werden können. Nicht der chemischen verbindung gleichen
diese komposita, sondern dem mechanischen gemenge, und oft
noch nicht einmal diesem. Wenn *fú mù* „vater-mutter" auch
durch unser wort „eltern" übersetzt werden kann und meist
übersetzt werden muss, so ist es ihm doch nicht gleich zu
stellen. *Fú mù* verhält sich vielmehr zu *eltern* wie das
französische *frères et sœurs*, das italienische *fratelli e sorelle*,
das englische *brothers and sisters* zum deutschen *geschwister*
oder zum spanischen *hermanos*. Wenn die vier wurzeln *cǔn
hiaó tsiet ǹi* „treue - pietät - mässigung - gerechtigkeit" in dieser
feststehenden reihenfolge auch den begriff „tugend" zum ausdruck bringen, so entschwinden die einzelvorstellungen doch
ebensowenig dem bewusstsein, wie es beim deutschen „kind und
kegel", „mann und maus" für den begriff „alles" der fall ist,
wenn wir sagen: „er verliess das haus mit kind und kegel",
„das schiff versank mit mann und maus", weil der chinese
ebenso gut in andren verbindungen von *cǔn* „treue" reden kann,
wie wir über kinder ohne kegel sprechen. Selbst dann, wenn
eine wurzel wie *tsî* „kind" scheinbar wortbildend auftritt wie
in *k'uǎn-tsî* „korb", *šìn-tsî* „körper", *siàn-tsî* „kasten", *taǒ-tsî*
„messer", wo *tsî* seine bedeutung aufgibt und nur dazu dient,

die vorhergehende wurzel als substantivum zu charakterisiren, selbst dann kann eine solche wurzel nicht unseren suffixen verglichen werden und noch nicht einmal denen der ural-altaischen sprachen, weil *tsï* auch noch mit seiner vollen bedeutung vorkommt, z. b. in *tsï-niü* „knabe und mädchen", „kinder". Nur die wurzel *rï* „kind" kann als ein mittelding zwischen suffix und kompositionsglied fungiren, weil es einerseits als substantivisches hülfswort unter aufgabe seines tones mit der vorhergehenden wurzel verschmilzt, andrerseits aber auch mit seiner vollen bedeutung vorkommt. Vielleicht wird der zusammenhang aber überhaupt nicht mehr gefühlt, wenigstens da nicht, wo, wie in dem Peking-dialekte *tien-rï* „himmel" in der aussprache zu *ťiĕr* verschmilzt. In einem solchen falle liegt wahrscheinlich wieder ein unzerlegbarer und scharf abgegrenzter vorstellungsausdruck vor.

Diese durch einige beispiele der neueren chinesischen sprache kurz angedeutete art des vorstellungsausdrucks ist nun freilich nicht auf dem ganzen gebiete der zu einer gruppe zusammengefassten idiome dieselbe — und eine bemerkenswerte abweichung des tibetischen werde ich auch noch kurz besprechen — aber im grossen und ganzen ist sie doch typisch für alle indochinesischen, mon-annamitischen sprachen und die der Khassia.

Mit ganz andren mitteln haben nun die semiten etwas ganz ähnliches geschaffen. Wenn ich sage die semiten, so will ich gleichzeitig noch einmal hervorheben, dass ich ihnen nicht allen den genau gleichen grad der reizbarkeit zuschreibe und auch nicht alle semitischen sprachen für gleich halte, obwohl eine solche beteuerung überflüssig sein sollte, Ihnen hoffentlich auch nicht unbedingt erforderlich zu sein scheint und in künftigen fällen daher auch jedem erspart bleiben soll. Ich will nur das für die vorliegende frage wesentliche an einem beispiele veranschaulichen, und wenn ich hierzu das hebräische wähle, so geschieht es nicht, um dadurch diese sprache als die in jeder beziehung beste repräsentantin zu bezeichnen, sondern deshalb, weil diese sprache aller wahrscheinlichkeit nach die einzige von allen semitischen ist, die wenigstens einigen unter uns näher liegt.

Ganz andere mittel sind es, wie ich schon erwähnte, die im semitischen etwas dem indochinesischen ganz ähnliches geschaffen haben. Es gibt zwar auch im semitischen einsilbige wortstämme,

z. b. im hebräischen *'abh* „vater“, *'ēm* „mutter“, *'aḥ* „bruder“,
bēn „sohn“, *bath* „tochter“, *dagh* „fisch“ und andere. Aber
derartige wörter sind ausnahmen. Die meisten sind mehrsilbig
und sind mindestens zum grossen teil ursprünglich dreisilbig
gewesen. Doch darin liegt nichts für die vorliegende frage
wesentliches. Was dem hebräischen wie auch den anderen
semitischen sprachen ein eigenartiger gepräge verleiht, ist der
umstand, dass weitaus die meisten wortstämme drei konsonanten
aufweisen, die den inhalt der vorstellung bezeichnen, und dass
die mit den konsonanten verbundenen vokale angeben, welcher
grammatischen kategorie dieser inhalt einzuordnen ist, und in
welcher beziehung er zu den anderen gliedern des satzes gedacht
werden muss. So heisst *gôdhal* „grösse“ [*dh* bezeichnet *einen*
konsonanten], *gadhôl* „gross“, *gadhál* „er wurde gross“. Alle
drei wörter können im chinesischen durch *tá* wiedergegeben
werden. Aber dieses entspricht genau genommen keinem von
den dreien, sondern nur der allen gemeinsamen konsonantengruppe *g-dh-l*, und wie bei *tá* die stellung im satze entscheidet,
ob es als substantivum, adjektivum oder verbum fungirt, so
entscheiden dies im hebräischen die vokale. Die konsonantengruppe *g-dh-l* kann nun natürlich ohne vokale überhaupt nicht
in der rede auftreten. Aber man ist sich derselben als der vor-
stellungsträgerin ebenso bewusst, wie wir auch ohne gelehrte
studien die konsonantengruppe *f-n-d* des substantiv *fund* und
der verbalform *fand* im bewusstsein tragen. Darauf, dass man
die konsonanten als die träger der vorstellung oder des begriffs
auffasst, deutet auch die erscheinung, dass man eine verstärkung
des begriffs durch die verdoppelung eines konsonanten, und zwar
meist des zweiten, zum ausdruck bringt. So heisst *šabhár* „er
zerbrach“, *šibbér* oder *šibbár* „er zerschmetterte“. Weil nun
die konsonantengruppe des semitischen wortes im wesentlichen
unverändert bleibt, und weil diese als ausdruck des vorstellungs-
inhalts die formbildenden vokale im eigentlichen sinne des wortes
umschliesst, so kann ein derartiger semitischer vorstellungsausdruck ersichtlich ebensowenig in bruchstücke zerfallen wie eine
chinesische wurzel. Aber er besagt mehr. *qatál* „er tötete“,
q'tól „töte“, *qōtél* „tötend“ bringen offenbar modifikationen des
begriffs „töten“ zum ausdruck, die im chinesischen nicht in der
wurzel enthalten sind. Die semitische stammbildung deutet also

schon nach dem bis jetzt angeführten auf einen etwas grösseren
umfang des in *einem* akte erfassten denkinhaltes. Nun ist es
interessant zu sehn, dass bei *einem* indochinesischen volke etwas
ähnliches wie die semitische stammbildung vorkommt, aber auch
in geringerem umfange, und zwar bei den tibetern, von denen
der abbé Desgodins erzählt: „Nicht allein durch ihre imposante
erscheinung, sondern auch durch ihre ernste ruhe, die einhaltung
einer musterhaften ordnung mitten in dem schwarme der schreien-
den und lärmenden chinesischen stadtbevölkerung, wurde der
kontrast zur schärften abgrenzung erhoben". Diese der semitischen stammbildung ähnliche erscheinung des tibetischen nun
ist ein vokalwechsel innerhalb der einsilbigen wurzel, der beim
thätigkeitsausdrucke neben anderen mitteln dazu dient, eine
tempus- und modusunterscheidung zu schaffen, wie in unserem
deutschen imperativ *gib* neben dem präsens *gebe* und dem perfektum *gab* vorliegt. So steht neben dem imperativ *t'oṅ* „gib!"
der perfektstamm *daṅ* [aus älterem *b-daṅ*, wo *b* ein präfix ist];
entsprechend steht neben dem imperativ *k'ol* „lade auf!" das
präsens *gel* [aus *'-gel*], das perfektum *kal* [aus *b-kal*] und das
futurum *gal* [aus *d-gal*]. Aber was hier in geringem umfange
erscheint, ist im semitischen das herrschende prinzip, neben dem
der bisher noch nicht von mir erwähnte gebrauch von präfixen
und suffixen eine nur bescheidene rolle spielt.'] Immerhin muss
man jedoch auch die bescheidenen zu wort kommen lassen.

Die semitischen präfixe und suffixe dienen sowohl zur stammbildung wie auch zur wortbildung. So dient, um nur einiges
herauszugreifen, das präfix *ha-*, dessen vokal sich jedoch nur im
imperativ und bei verben mit ursprünglich anlautendem *w* er-
hält, vor ', *ḥ*, *h*, ' dagegen als *e*, vor andren lauten als *i*, und
im passivum in allen fällen als *o* erscheint, zur bildung von
kausativen wie lehren = lernen machen oder fällen = fallen
machen, z. b. *hŏrīš* „er liess in besitz nehmen" aus einem nicht
mehr vorkommenden *hu-urīš* zu *jarāš* „er nahm in besitz" mit
ursprünglich anlautendem *w*, das in dem entsprechenden arabischen worte *wáratha* noch vorliegt; *he-ḥ'rā* „er liess entbrennen"
zu *ḥará* „er entbrannte", *hi-ghbir* „er machte stark" zu *gabhár*
„er wurde stark", *hu-šlakh* „er wurde geworfen" zum kausati-
vum *hi-šlīkh* „er warf". In solchen fällen bezeichnet nun das
präfix offenbar keinen trennbaren teil der vorstellung. Wenn

die konsonantengruppe des einfachen verbs unversehrt bleibt,
dann fügt das präfix nur etwas hinzu nach art des französischen
faire in *faire voir* = zeigen. Erleidet die konsonantengruppe
dagegen eine veränderung, die für das bewusstsein den zusammenhang mit dem einfachen verbum aufhebt, wie es vielleicht
bei *hôrîs* der fall ist, so wird das präfix allerdings zum ausdruck eines teils der vorstellung, aber zum ausdruck eines untrennbaren teils. Dasselbe gilt aber wohl auch für die nominal-
präfixe und suffixe. Das präfix *mi-* dient, um ein beispiel herauszugreifen, oft zur bildung von ortsausdrücken. So gehört zu
zâbhák „er schlachtete, opferte" und zu *zébhaḥ* „schlachtopfer"
das substantivum *mi-zbé°ḥ* „altar". Die stabilität der konsonantengruppe *z-b-ḥ* muss nun aber ohne zweifel die folge haben, dass
dem bewusstsein der zusammenhang nicht verloren geht, und
mi-zbé°ḥ wird daher mehr als *opferstätte* denn als *altar* aufgefasst werden. Ähnliches wird man auch für *mi-gdal* „turm"
annehmen dürfen, das zu *gâdhál* „er wurde gross", *gâdhôl*
„gross" und *gódhel* „grösse" gehört, mag uns auch der ausdruck
zur veranschaulichung des von semiten empfundenen fehlen.
Wo freilich der seltenere fall vorliegt, dass die konsonantengruppe
des wurzelwortes verändert wird, oder dass dieses nicht mehr
in der bei der ableitung zu grunde liegenden bedeutung vorkommt, da mögen ähnliche bildungen entstehen wie im indogermanischen. Im allgemeinen aber erinnert die beharrlichkeit
der begrifftragenden konsonantengruppe mehr an das ural-altaische
als an den bantutypus, ohne dass man deshalb gleichartigkeit
behaupten dürfte. Auf eine der neigung zur vorstellungszer-
legung widerstrebende tendenz, mehr als *eine* vorstellung zu
einem ausdruck zusammenzufassen, weisen zudem auch noch
andre erscheinungen. So glaube ich es für äusserst charakteristisch halten zu müssen, dass der hebräische artikel niemals
als selbständiges wort auftritt, sondern in stets fester verbindung
mit seinem substantivum je nach dem folgenden konsonanten
verschiedene gestalt annimmt. Seine ursprüngliche form ist
wahrscheinlich *hal* gewesen. Der auslautende konsonant aber
hat sich dem ihm folgenden — von ', ', *h*, *ḥ* und *r* abgesehen —
assimilirt, so dass die alte form *hal* nur noch vor *l* erscheint,
wie in *hal-l°bhánôn* „der Libanon", aber *hab-bîth* „der palast",
hag-gorál „das los", *had-dá°th* „die erkenntnis", *haz-zájith* „das

öl", *hak-köhén* „der priester", *ham-mélekh* „der könig", *han-n'bhalím* „die krüge u. s. w. Aber auch vor ', ', *h*, *ḥ* und *r* erscheint der artikel nicht mehr in seiner ursprünglichen gestalt. Vor *ḥa*, *ḥ'*, unbetontem *ḥa* und *'a* lautet er *he*, z. b. *he-ḥágh* „das fest", *h-ḥ'lt* „die krankheit", *he-hadhár* „die herrlichkeit", *he-'anán* „die wolke". Vor *ḥ* und *h* in andren fällen erscheint er als *ha*, z. b. *ha-ḥōmá* „die mauer", *ha-hēkhál* „der tempel". Vor ', *r* und vor ', dem ein anderer vokal als unbetontes *a* folgt, endlich nimmt er die gestalt *há* an, z. b. *há-'él* „der gott", *ha-ráš* „der arme", *ha-'ír* „die stadt". Eine ähnliche erscheinung wie diese, bei der Sie Sich gewiss der wechselnden form des lateinischen *com-* erinnern, wie in *co-emere* „zusammenkaufen", *col-ligere* „zusammenlesen", *com-merēre* „verdienen", *con-cipere* „zusammenfassen", liegt in der untrennbarkeit der präpositionen *b'*, *k'*, *l'* vor, die dadurch ganz präfixartig geworden sind und einen ersatz für die fast verlorene deklination bieten. So sind *b'* „in" und *rēšíth* „anfang" in dem satze *b'-rēšíth bará 'elōhím 'éth haš-šamájim v'-éth ha-'áreṣ* „im anfang schuf gott himmel und erde" zu einer ähnlichen einheit verwachsen wie das russische *ro* und *naćálo* in *v-naćále*. Folgt der präposition der artikel, so verschmilzt dieser mit der präposition, wie im französischen *à* und *le* zu *au* werden, z. b. *šōṭ las-sús ŭ-méthegh la-ḥamór* „dem ross eine geissel und dem esel einen zaum!", wo *las-sús* „dem ross" auf *l'-has-sús* und *la-ḥamór* auf *l'-ha-hamór* zurückgeht. Eine ähnliche erscheinung ist ferner der sogenannte *status constructus*, der darin besteht, dass zwei wörter durch enttonung des ersten zu einer einheit zusammengefasst werden, um ein abhängigkeitsverhältnis zu schaffen, z. b. *ben-j'hōḥanán* „sohn des Johannes" mit proklise des wortes *bēn*, wie sie im irischen *Mac Jehohanan* vorliegt, und entsprechend der enklise im englischen *Johnson*, im holländischen *Jansen*. Eine ähnliche erscheinung ist endlich noch der ausdruck der possessiv- und und objektspronomina durch suffixe. So heisst „mein pferd" *sūs-í*, „dein pferd", wenn man mit einem männlichen wesen spricht, *sūs'-khá*, wenn man ein weibliches wesen anredet *sūs-é-kh*, „sein pferd" *sūs-ó*, „ihr pferd" *sūs-áh* u. s. w. So heisst „er tötete ihn" *q'ṭálá-hū* oder *q'ṭáló*, „er tötete sie" *q'ṭal-áhm*. Fraglos liegt hier keine lose aneinanderreihung vor, aber auch kein unanalysirbarer vorstellungskomplex; denn nomen und verbum können auch ohne solche suffixe auftreten. Die unversehrbarkeit der für das nomen und verbum ausschlaggebenden konsonantengruppe aber zeigt, dass die suffixe etwas zur vorstellung hinzufügen, ohne dadurch an ihrem ausdruck teilzunehmen. Affixe für die erste und zweite person des verbs und pluralendungen, die ich noch nicht erwähnt habe, sind wie im indogermanischen aufzufassen.

So zeigt, wie ich glaube, das semitische bei einer gewissen annäherung an den typus der sprachen, die geringe reizbarkeit zum ausdruck bringen, durch das die stammbildung beherrschende prinzip der dreikonsonantigkeit und vokalvariation in ähnlicher weise wie das indochinesische ein erfassen unzerlegbarer, scharf abgegrenzter einzelvorstellungen.

Die notgedrungen flüchtigen skizzen, die ich von einigen sprachen als repräsentanten ausgedehnter gruppen entworfen habe, werden hffentlich trotz aller dürftigkeit eine durch verschiedene reizbarkeit bedingte verschiedenheit erkennen lassen. Die durch das vorherrschen von vorstellungen oder gefühlen veranlasste verschiedenheit ist dabei freilich weniger deutlich zu tage getreten, und deshalb will ich wenigstens einige bemerkungen hinzufügen — auf manches werde ich erst später eingehen können —, die freilich nicht zu eifrig verallgemeinert werden dürfen und überhaupt mehr zur beobachtung anleiten als zum blinden glauben verleiten sollen.

Bei den völkern und vorherrschenden gefühlen zeigt sich im allgemeinen weniger begabung, ein objekt ohne rücksicht auf seine eigenschaften und thätigkeiten zu denken als bei den durch das vorherrschen der vorstellungen gekennzeichneten stämmen. Infolgedessen zeigt sich denn auch eine entschieden mangelhaftere entwicklung der unterscheidung eines singularis und pluralis, während andrerseits nicht nur ein dualis häufig ist, sondern wenigstens bei einigen unter ihnen der für die sinnlich konkrete anschauung höchst charakteristische trialis auftritt, d. h. ein wahrscheinlich mit hülfe der zahl drei gebildeter numerus für kleinere mengen. Ferner finden sich bei vielen sprachen von völkern mit vorherrschenden gefühlen zwei formen für die erste person des dualis und pluralis des pronomen personale, ein inklusivus, der den angeredeten mit einschliesst, und ein exklusivus, der ihn ausschliesst, eine erscheinung, die bei den anderen völkern nur als ausnahme nachzuweisen ist. Vielleicht ist auch erwähnenswert, dass die entwicklung eines artikels oder verschiedener artikel bei den völkern mit vorherrschenden vorstellungen eine schwächere ist als bei den völkern mit vorherrschenden gefühlen. Endlich scheint bei diesen mehr die thätigkeit, bei jenen mehr die eigenschaft beachtet zu werden, ein unterschied, der, falls meine beobachtung richtig ist, meine einteilung stützen würde.

Hiermit komme ich denn nun endlich zum ende meiner einleitung, die Ihnen vielleicht viel zu lang erscheint, die ich aber, wenn die zeit es gestattete, noch lange nicht zum abschluss bringen würde. Denn nur nach einer weite strecken umfassenden umschau lässt sich die eigenart unseres kleinen feldes erraten, um vom erkennen nicht zu reden, und das gilt für Sie so gut wie für mich. Da ich also nur aus rücksicht auf die kürze der zur verfügung stehenden zeit nicht alles, wie ich es gern thäte, begründe, so darf ich wohl wenigstens die bitte aussprechen, das unbegründete nicht ohne weiteres für unbegründbar zu halten. Ich hoffe aber auch, Sie werden mehr vertrauen gewinnen, wenn Sie die unterschiede, die ich bisher besprochen habe, im kleineren massstabe auf dem engeren gebiete wiedererkennen werden, das ich das nächste mal betreten will.

Die unzerlegbarkeit scharf abgegrenzter vorstellungsausdrücke, die sich als das kennzeichen des indochinesischen und semitischen ergeben hat, ist uns nicht fremdartig erschienen, da sprachen, die uns allen vertraut sind, das englische und das deutsche, häufig ähnliche und selbst gleiche erscheinungen aufweisen. Bei der betrachtung des chinesischen mussten wir englischer wörter wie *love*, *head* gedenken, die bald als substantiva, bald als verba fungiren; bei der betrachtung der hebräischen vokalvariation konnten wir uns kaum des eindrucks erwehren, dass da nichts anderes vorliege als im deutschen *finde*, *fand*, *fände*, *fund* und ähnlichem.

Diese indogermanischen erscheinungen treten uns nun aber nur auf einem teile des weiten gebiets in grösserem umfang entgegen, und viele unter ihnen entstammen zudem einer verhältnismässig jungen zeit. Das dem indogermanischen sprachbau wirklich eigenartige — das nirgends ganz verlorene und bei grösserer altertümlichkeit entsprechend deutlicher zu tage tretende — besteht darin, dass dem eigentlichen vorstellungsausdrucke, dem namen für ein ding, eine eigenschaft oder einen vorgang, in der regel noch ein diesen ausdruck modifizirendes, begrenzendes element folgt, das zwar nicht von dem ihm vorausgehenden getrennt werden kann, aber doch noch mehr oder weniger deutlich als das nur modifizirende, begrenzende element empfunden wird. So konnte, um nur ein einziges beispiel zu nehmen, von dem altindischen worte *bharátram* „der arm" nur derjenige teil ohne schädigung der bedeutung ganz beseitigt oder durch einen andren ersetzt werden, der eben nicht die vorstellung „arm" selbst zum ausdruck brachte, sondern nur die beziehung dieser vorstellung auf etwas anderes; das heisst, nur die kasus- bezw. numerusendung konnte durch eine andere ersetzt

3*

werden oder auch ganz ausfallen. Die stammform dagegen, mag sie dem ungeschulten sprecher als *bharitra-* vorgeschwebt haben — was sehr gut denkbar ist, da die neutra auf *-am* im kompositum mit der endung *-a* auftreten — oder als *bharitr-*, also als das, was bei aller veränderlichkeit des wortes *bharitram* allein immer unveränderlich blieb — die stammform konnte thatsächlich nicht weiter zerlegt werden. Trotzdem aber musste man fühlen, dass der lautkomplex *itra* bezw. *itr* etwas das vorausgehende nur modifizirendes war, dass sich *bharitram* „arm“ zu *bhárati* „er trägt“ verhielt wie *khanitram* „schaufel“ zu *khánati* „er gräbt“, oder wie *sanitram* „spende“ zu *sanóti, sánati* „er schenkt“. Man konnte, ja musste fast fühlen, dass auch *itra* zwei bestandteile umfasste, wenn auch die bedeutung jedes einzelnen nicht klar war. Denn in manchen wörtern spielte der lautkomplex *tra* dieselbe rolle wie *itra*, wie beispielsweise in *pattram* „flügel“ neben *pátati* „er fliegt“, in *vastram* „kleid“ neben *váste* „er zieht an“. Wenn also auch die beiden bestandteile des indogermanischen vorstellungsausdruckes — um nur diesen am häufigsten vorkommenden fall zu berücksichtigen —, fest mit einander verwachsen sind, so sind es doch immerhin noch zwei nach einander isolirt auszusprechende bestandteile, die als solche mehr oder weniger deutlich zu erkennen oder zu fühlen sind, und das ganze deutet nach allem vorher besprochenen auf eine grössere reizbarkeit als der semitische vorstellungsausdruck, in dem die wurzel alles sie modifizirende wie mit drei fasern zu untrennbarer einheit umschlingt.

Diese art indogermanischer stammbildung ist unbedingt als die unmittelbar vor der völkertrennung herrschende anzusehn. Im laufe der zeit aber hat jedes volk aus dem annähernd gleichen material verschiedenes geschaffen, die vorhandenen mittel je nach seiner neigung verwertend. Um nun die in den verschiedenen indogermanischen sprachzweigen zu tage tretende verschiedenheit des temperamentes zu erkennen, müssen wir untersuchen, welche richtung in jedem einzelfalle eingeschlagen worden ist, welchem der verschiedenen von mir besprochenen typen jeder sprachzweig nähergerückt worden ist.

Schon bei der betrachtung des indochinesischen und semitischen wandte sich unsere aufmerksamkeit unwillkürlich ähnlichen germanischen erscheinungen zu. Die eine von diesen,

die entstehung zahlreicher einsilbiger, zum teil scheinbar iso-
lirter wörter ist nun aber nichts für alle germanischen sprachen
charakteristisches. Sie beschränkt sich im grossen und ganzen
auf das gebiet des englischen. Anders verhält es sich dagegen
mit dem an das semitische erinnernden vokalwechsel wie in
finde, fand, fände, heisse, hiess und ähnlichem. Zum teil ist
dieser vokalwechsel uralt, ein erbstück aus jener zeit, wo alle
indogermanischen völker noch eine einzige geistige gemeinschaft
bildeten, nämlich in all den fällen, die Ihnen unter dem namen
ablaut bekannt sind, wie beispielsweise in *finde, fand, gebe, gab*.
Die erscheinung des sogenannten ablauts ist die wirkung wechselnder betonung, prinzipiell dasselbe wie die vokalabstufung in
vielen modernen sprachen, z. b. dem englischen, wo neben be-
tontem *shall* ein unbetontes mit silbenbildendem *l* vorkommt,
wenn auch neben dem expiratorischen akzente ein auf die form-
entwicklung wahrscheinlich einflussreicherer musikalischer vorausgesetzt werden muss. Die erscheinung des ablauts lässt sich
in sämtlichen indogermanischen sprachen nachweisen, auf keinem
sprachgebiet aber spielt sie sowohl als stammbildendes wie als
wortbildendes mittel eine so bedeutende rolle wie auf dem germanischen. Nun haben sich aber noch vokalvariationen anderen
ursprungs dem beliebten ablaut angeschlossen. Die alten perfekta mit reduplikation wie das gotische *haihait* „hiess" zu *haita*
„heisse" sind heute nur noch für sprachhistoriker reduplizirende
perfekta. Ungeschulten scheint in *heisse hiess* nichts anderes
vorzuliegen als in *greife griff, gebe gab* und ähnlichem. Ebenso
ist es aber auch den zahlreichen fällen von vokalwechsel er-
gangen, die man umlaut nennt. Dieser ist nicht eine folge
wechselnder betonung, sondern durch den einfluss des vokals der
folgesilbe hervorgerufen worden. Wir sehen in verschiedenen
germanischen sprachen ein *a* unter dem einfluss eines *i* der
nächsten silbe zu *e* werden. Wir sehen aus dem urnordischen
gastiʀ „gast" im altisländischen *gestr* entstehen, wir finden im
althochdeutschen neben *faru* „ich fahre" *feris* „du fährst". Wir
sehen ferner ein *u* vor einem *a* der folgesilbe zu *o* werden, z. b.
im althochdeutschen *gibogan* „gebogen" neben *bugum* „wir bogen",
und in ähnlicher weise zeigt sich auch der einfluss eines *u* auf
die vorausgehende silbe. Es ist, als ob man mit den ersten
lauten eines wortes vorgreifend schon alles sagen wollte. Es ist

beachtenswert, dass der umlaut spät auftritt, zu einer zeit, wo
kein ablaut mehr in grösserem umfang entstehen konnte, dass
er gerade rechtzeitig gekommen ist, um das liebgewordene mittel
der vokalvariation mit neuen kräften zu stärken. Ablaut, umlaut und reduplikation sind auf germanischem boden gleichartig
geworden. Dass *fand* auf ablaut, *fände* auf umlaut, *riet* auf
reduplikation beruht, kann nur ein kenner der sprachgeschichte
wissen. Für die psychologische deutung gilt uns also alles als
eins, und all die uns wundersam dünkenden formen des volkes,
wie *kief* statt *kaufte*, *fiess* statt *fasste*, *rüfst* statt *rufst*, sie alle
zählen mit, mag der grammatiker sie falsch oder richtig nennen.

Diese vokalvariation, vor der die bedeutung der suffixe mehr
und mehr zurückgetreten ist, wird von keinem indogermanischen
volke in demselben masse angewandt wie von den germanen.
Sie ist die einzige psychologisch wertvolle erscheinung, die alle
germanen kennen. Deshalb ist sie charakteristisch. Sie weist
auf den typus des semitischen, also auf eine erregbarkeit, die
auf indogermanischem gebiete unter dem durchschnitt steht, und
bei der die gefühle über die vorstellungen dominiren. Mithin
sind die germanen nach dem zeugnis ihrer sprache unter den
indogermanen das, was die eingeborenen Amerikas unter den
völkern der erde sind: langsam im denken und handeln, so
langsam, dass die andren oft meinen, wir kämen nie zum ziel,
und doch zielbewusst wie vielleicht kein anderes volk — die
urbevölkerung Amerikas zählt ja niemand mehr mit — energisch
sogar im schwersten, im abwarten, im schwersten für jeden, der
nicht phlegmatiker ist, aristokraten wie die azteken und inkas
trotz aller verführung zur anpassung an das moderne Amerika,
kurz, fast wie die azteken und inkas selbst, für die ein germane
schwärmen könnte, weil sie ihm seelisch so nahe verwandt sind,
und nicht am wenigsten, weil er überhaupt schwärmen kann,
was ihm noch lange nicht jeder nachmacht. —

Ehe ich nun dazu übergehe, die frage zu beantworten,
welchen platz die deutsche sprache unter den germanischen einnimmt, will ich so kurz wie möglich auf ein paar beachtenswerte eigentümlichkeiten der andren modernen indogermanischen
idiome hinweisen.

Im indischen, iranischen, armenischen und slavischen haben
sich einige eigentümlichkeiten herausgebildet, die uns aus dem

ural-altaischen bekannt sind, die also auch auf eine erregbarkeit
weisen, die auf indogermanischem gebiete unter dem durchschnitt steht, bei der jedoch im gegensatze zu den germanen die
vorstellungen im allgemeinen dominiren.

Im indischen sind die alten untrennbaren kasus-suffixe —
von vereinzelten, mehr und mehr sich verlaufenden spuren abgesehen — durch sogenannte postpositionen ersetzt worden, die
teils an den unveränderten stamm bezw. den pluralis treten,
wie immer im Orija, Bengali und meist im Hindi, Panjabi und
Gujerati, teils an den veränderten — auf nicht mehr gebrauchte
kasusformen zurückgehenden — stamm, den sogenannten formativ,
wie meist im Sindhi und Marathi. Ebenso nun, wie im ural-
altaischen ein affix in der regel nur dann gebraucht wird, wenn
die deutlichkeit es erfordert, wird auch im indischen die objekts-
postposition nur dann angewandt, wenn rücksichten auf verständlichkeit oder nachdruck es fordern. So wird im Sindhi in
dem satze „wenn ich heiraten werde, dann werde ich diese fee
Husine heiraten“ für den akkusativ „fee Husine“ keine postposition gebraucht, da jedes missverständnis ausgeschlossen ist.
Es heisst demnach: *je paryīndu-se, ta iha Husine pari paryīndu-se.* In dem satze *validu šaha-jō šahu Sahiba-khē gōlīndō
vatiō* „der vater des schahs fuhr fort, den schah Sāhiba zu suchen“
ist dagegen der akkusativ „schah Sāhiba“ mit der postposition
khē versehen, weil sonst der sinn nicht klar wäre; denn die
stellung entscheidet nicht darüber, was als subjekt und was als
objekt aufzufassen ist.

Entsprechend erscheint das persische objektssuffix *rā* bei
Firdusi nach rücksichten der verständlichkeit. In der heutigen
umgangssprache wird diese einfache regel jedoch dadurch zu einer
etwas verwickelteren gemacht, dass man ein bestimmtes und
unbestimmtes objekt unterscheidet, wie auch im ossetischen, im
altarmenischen und, was wichtiger ist, auch im altaischen. Für
das unbestimmte objekt genügt nun im persischen die stammform (ohne *rā*), wenn dadurch kein missverständnis entstehen
kann. Man sagt daher *bajad nāmah nuvišt* „ich muss einen
brief schreiben“, *jak varaq kāġīḏ, qalam u murakhab šafqat
kuntd!* „Seien Sie so gut und geben Sie mir einen bogen (papier),
eine feder und tinte!“ Dagegen kann man den satz „ein mann
tötete einen löwen“ nicht durch *mardi šīrī kušt* übersetzen,

sondern nur durch *mardı šırī-ra kušt.* Das bestimmte objekt andrerseits erfordert immer *ra.* Während man also sagt *qadrı čaɩ bı-ar!* „bringe mir etwas thee!", heisst es *čaɩ-ra ḥazīr kardam* „ich habe den thee fertig gemacht", und ebenso sagt man *dar-ra pıš kašıd!* „schliessen Sie die thür!" und nicht *dar pıš kašıd.* Aber auch die affixhäufungen, deren Sie Sich aus dem türkischen erinnern werden, kommt im persischen in kleinerem massstabe vor. So kann man sagen *asp-ha-ut-ra dıdam* „ich sah deine pferde", wo *ha* den pluralis bezeichnet, *at* das possessivpronomen und *ra* das objekt.

In dem nahe verwandten ossetischen ging die deklination ursprünglich ebenfalls auf eine derartige uralaltaische weise von statten. An den stamm trat das pluralsuffix, an dieses das kasussuffix. So lautete der dativus pluralis von *läg* „mann", *läytä-än* gleich dem persischen *mard-an-ra* (*ra* wird für den dativus und akkusativus gebraucht). Durch kontraktion ist jedoch aus *läg-tä-än lägtän* geworden, und so erscheint das bild wesentlich verändert. Dass die suffixe aber trotzdem noch nicht fest mit dem stamm verwachsen sind, ergibt sich aus folgender syntaktischer regel: wenn zwei oder mehrere, durch *ämä* „und" verbundene nomina in demselben kasusverhältnis stehen, so wird nur das letzte flektirt, falls nicht jedes einzelne nomen besonders hervorgehoben werden soll. So heisst es *läg ämä ŭósämä báqärtcänä* „einem mann und einer frau wirst du begegnen", wo *läg* „mann" unflektirt erscheint.

Das kurdische akkusativpräfix *a* (bezw. *e, i*) erscheint ebenfalls nicht immer, ohne dass sich jedoch eine feste regel für den gebrauch aufstellen liesse. An affixhäufung erinnert es andrerseits wieder, dass dem mit dem dativsuffix *ra* versehenen worte oft noch eine präposition vorausgeht, wie früher auch häufig im persischen; und endlich stimmt das kurdische auch darin mit dem persischen überein, dass bei einer wortverbindung, deren zweites wort vom ersten abhängt, das kasussuffix an den schluss des ganzen gefügt wird.

Aus dem neuarmenischen kann ich nur eine, an das uralaltaische gemahnende eigentümlichkeit anführen, nämlich die, dass sich an stelle der alten verschiedenheit in der deklination eine einförmigkeit herausgebildet hat, indem — von einigen ausnahmen abgesehen — das pluralsuffix *er* bezw. *ner* für alle

stämme gebraucht wird, und diesem pluralsuffixe die kasusendungen wieder folgen. Im altarmenischen lautete der genitivus
singularis von *cer* „greis" *ceroy*, der genitivus pluralis *ceroc*; im
neuarmenischen bleibt die genitivendung dieselbe, nur tritt sie
im singularis an den stamm, im pluralis an den mit dem
pluralsuffix versehenen stamm, also *cer-u*, aber *cer-er-u*. An
stelle der altarmenischen deklination, bei der die kasus- und
numerusbeziehung durch ein einziges suffix zum ausdruck gebracht wurde, ist also eine dem persischen *mard-an-râ* entsprechende bildung getreten.

Die slavischen sprachen endlich erinnern an das uralaltaische
sowohl durch den ausgedehnten gebrauch wie namentlich durch
die uns germanen nur schwer verständliche häufung von suffixen
zum zweck des nachdrucks. So weicht es doch entschieden von
dem im indogermanischen im allgemeinen üblichen ab, wenn man
im slovenischen von *sin* „sohn" das kosewort *sinek* „söhnchen"
und von diesem durch nochmalige ableitung *sinček* „liebes
söhnchen" bildet. Aber auch da, wo man nicht zweimal dasselbe sagt, überrascht uns doch die zahl der einem einzigen
worte angehängten affixe. Ich will nur zwei beispiele anführen.
Vom russischen *muž* „mann" bildet man *mužik* „bauer", hiervon *mužikovátyj* „bäurisch" und hiervon endlich *mužikovátostj*
„bäurisches wesen". Noch ein glied mehr hat das serbisch-
kroatische *domàćinstvovati* „die hausherrschaft ausüben, hausherr
sein". Dieses geht zunächst auf *domàćinstvo* „hausherrschaft"
zurück. Dieses ist eine ableitung von *domàćin* „hausherr". *domàćin* ist von dem adjektivum *dòmăći* „zum hause gehörig"
abgeleitet, und dieses endlich führt uns zum worte *dôm* „haus",
dem der sprachhistoriker noch ein suffix nachrühmen wird, das
wir aber nicht mitzählen wollen und dürfen, da es thatsächlich
nicht mehr existirt.

Deuten alle bis jetzt besprochenen idiome auf eine unter
dem durchschnitt stehende erregbarkeit ihrer träger, so weisen
die keltischen, romanischen sprachen und das griechische andrerseits gleich entschieden auf eine annäherung an die typen der
sanguiniker und choleriker.

Der in den Bantusprachen beobachteten erscheinung, dass
zum ausdruck einer einzigen vorstellung zwei oder mehrere
redeglieder zusammengekoppelt werden, begegnen wir zuweilen

auch im keltischen und namentlich beim verbum, wo zum ausdruck einer einfachen vorstellung in weit ausgedehnterem masse als in jeder anderen indogermanischen sprache zusammensetzungen mit präfixen vorkommen, die unentbehrlich und doch noch nicht ganz mit dem stamme verwachsen sind. So heisst beispielsweise das altirische wort für „er sagt" *asbeir*. Das präfix *as* kann nicht fehlen, ohne dass dem worte seine bedeutung genommen würde. Trotzdem aber kann es durch ein relativpronomen vom stamme *beir* getrennt werden, wie in dem satze *ithē gnīmi epscuip as-m-beir sīs* „dies sind die thaten eines bischofs, die er unten erwähnt", wo *m* das relativpronomen ist. Entsprechend findet sich neben *asbert* „er sagte" *as-ru-burt*, wo das eingeschobene *ru* aus *ro* zur bezeichnung der vollendeten handlung dient. Diese formen sind jedoch im laufe der zeit zu einfachen verben geworden, und schon im altirischen finden beim zusammentreffen mehrerer präfixe meist verschmelzungen statt, die eine vereinfachung anbahnen. So erscheint einerseits zwar noch *for-ro-chon-gart* „er befahl", andrerseits aber schon *dur-ain-gert* „er prophezeite" aus **do-ro-air-con-gert*. Eine andere charakteristische erscheinung dagegen hat sich bis auf den heutigen tag erhalten. Statt der einfachen pronomina personalia wird häufig eine durch eine pronominale partikel oder durch doppelsetzung verstärkte form gebraucht wie *mesi* statt *mē* „ich" und *snisni* statt *sni* „wir". Die längeren formen dienen allerdings vielfach dazu, den besonderen nachdruck zum ausdruck zu bringen, den man auf das pronomen legen will, in den meisten fällen aber ist es unsereins völlig unerklärlich, wozu ein nachdruck erforderlich ist, und so darf man doch wohl annehmen, dass die neigung mitspielt, eine einzige vorstellung durch zwei redeglieder zum ausdruck zu bringen. Ganz unverkennbar tritt dies zu tage, um ein letztes beispiel anzuführen, wenn ein als substantivum gebrauchtes wort wie *cuid* „anteil" gleichzeitig auch dann gebraucht wird, wenn es uns ganz überflüssig erscheint. In der heutigen umgangssprache wird unser deutsches „sein geld" fast niemals wörtlich durch *a airgead* wiedergegeben, sondern meist durch *a chuid airgid* „sein anteil geld", und der deutsche satz „er brach eine rippe" lautet im westirischen *bhris sé ceunn a chuid* (statt *coda*) *easnacha*, wörtlich „brach er stück (eig. kopf) seines anteils rippen".

Etwas diesen keltischen erscheinungen entsprechendes lässt sich vielleicht auch auf griechischem gebiete entdecken. Viel ist's allerdings nicht, immerhin aber erwähnenswert. Ähnlich dem irländer, der statt der einfachen pronomina personalia meist verstärkte formen anwendet, gebraucht auch der moderne grieche statt der alten pronomina personalia gern umschreibungen mit hilfe des erstarrten genitivs von *lójos* „wort, rede", nämlich *tu lóʒu su* „du", *tu lóʒu sas* „ihr", *tu lóʒu tu* „er", *tu lóʒu tis* „sie", *tu lóʒu tus* „sie" (pluralis). Man darf nicht einwenden, dass es sich hier um weitverbreitete bildungen nach art unseres *euer gnaden, euer hochwohlgeboren* handle, weil auch die erste person *tu lóʒu mu* gebraucht wird, und zwar zur bezeichnung des reflexivs. Diese neugriechischen bildungen gleichen vielmehr den romanischen umschreibungen mit hilfe der aus dem lateinischen *corpus* und *persona* entstandenen wörter. Aber dann — wird man sagen — gleichen sie doch auch dem mittelhochdeutschen *mīn līp* für unser *ich*. Allerdings. Aber wie es eben charakteristisch für die deutschen ist, dass sie diese umschreibung aufgegeben haben, so ist es auch charakteristisch für die griechen, dass sie eine derartige bildung neu geschaffen haben. Dieselbe deutung verlangen, wie ich glaube, auch die neugriechischen artikelformen, denen ein *e* angehängt wird, nämlich *tone* „den" neben *ton, to*; *tine* „die" neben *tin, ti* und *tone* „der" (gen. pl.) neben *ton, to*. Abgesehn von diesen kleinigkeiten wüsste ich jedoch vom neugriechischen nichts anderes zu sagen, als dass es auf dem wege zu sein scheint, einen dem romanischen ensprechenden charakter zu gewinnen. Vielleicht darf man daher dem griechischen temperamente einen platz anweisen, der zwischen dem keltischen und romanischen liegt.

In diesem letztgenannten, weit verbreiteten sprachzweige zeigt sich, wie ich schon angedeutet habe, ebenfalls ein ausdruck grosser erregbarkeit. Das romanische unterscheidet sich jedoch vom keltischen dadurch, dass es sich mehr dem malayo-polynesischen typus nähert als dem der südafrikanischen sprachen, mithin mehr auf choleriker als auf sanguiniker weist. Diese meine ansicht stützt sich darauf, dass die für die malayo-polynesische stammbildung im hohen grade charakteristische reduplikation und wiederholung im romanischen eine bedeutendere rolle als in jeder anderen indogermanischen sprache spielt.

Reduplikation bezeichnet die wiederholung einer, und zwar meist der anlautenden silbe, z. b. Maori *nu-nui* „sehr gross" von *nui* „gross". Wiederholung dagegen bezeichnet die verdoppelung des ganzen wortes, wie javanisch *humbul-humbul* „flagge" von *humbul* „flattern".

Im romanischen sind sieben fälle zu unterscheiden:

1. reduplikation mit unverändertem zweiten bestandteil als mittel der diminution, in grösserem umfange wohl nur im französischen nachzuweisen, z. b. *bébête* „tierchen" von *bête*, *bibiche* „liebchen" von *biche*, *bobonne* „schätzchen" von *bonne*, *bobosse* „bucklige" (eigentlich „bückelchen") von *bosse*, *fréfrère* „brüderchen" von *frère*, *pépère* „väterchen" von *père*, *poupoule* „liebchen" von *poule* (wie englisch *duckie* von *duck*);

2. reduplikation mit verändertem zweiten bestandteil ohne beeinträchtigung des reduplikationscharakters, meist ebenfalls als mittel der diminution, z. b. französisch *Lolotte* „Lottchen, freudenmädchen" von *Charlotte*, *Titine* „Tinchen" von *Albertine*, *Augustine* und anderen, *cocons* „mitschüler im ersten jahre in der polytechnischen schule" von *conscrit*, *Fifine* „Finchen" von *Joséphine*, *cocotte* „kokotte" (eigentlich „hühnchen") von *coq*;

3. reduplikation mit derartiger verstümmelung des zweiten bestandteils, dass das ganze den eindruck der wiederholung macht, z. b. französisch *baba* „verdutzt" von *ébahi*, komaskisch *baba* „amme" von *balia*, *bibi* „spielzeug" von *bimbo*, piemontesisch *bubu* „kleine verletzung", französisch *bobo* „wehweh" (der kindersprache) von *bua*, komaskisch *brobro* „unruhestifter" von *brogliare*, französisch *dodo* „schlaf" von *dormir*, *joujou* „spielzeug" von *jouer*;

4. wiederholung eines schon vorhandenen wortes, z. b. französisch *bonbon*, normannisch *doux-doux* „naschwerk", französisch *gueux-gueux* „schwerenöter", *chien-chien* „liebchen", *Jean-Jean* „simpel";

5. wiederholung eines aus einem bekannten stamme geformten wortes, z. b. italienisch *pissi-pissi* „geflüster" von *pispigliare*, spanisch *gori-gori* „kindergesang" von *gorgear*, französisch *fanfan* „herzchen, püppchen" von *enfant*;

6. wiederholung eines neugeschaffenen oder an einen nicht mehr bekannten stamm angelehnten wortes, z. b. französisch *ban-ban* „hinkender", *boui-boui* „tingeltangel", *chouchou* „herzchen, püppchen", *dig-dig* „epileptischer anfall", *fla-fla* „grossthuerei", *kif-kif* „einerlei, schnuppe";

7. wiederholung eines neugeschaffenen oder an einen nicht mehr bekannten stamm angelehnten wortes mit vokalwechsel, z. b. spanisch *trique-traque* „klapper", italienisch *tric-trac* „kinderklapper" (französisch: ein brettspiel), spanisch *chis-chas* „waffengeklirr", *zis-zas* „schläge", *ringo-rango* „schnörkel", katalanisch *farrigo-farrago* „plunder", portugiesieh *trique-troque* „wortgemenge", venetianisch *zufe-zafe* „gehirn".

Nach diesem kurzen überblick über die bekannteren indogermanischen sprachen will ich nun versuchen, die stelle ausfindig zu machen, die dem deutschen auf germanischem gebiete gebührt.

Wir haben gesehen, dass die auf ablaut, umlaut und reduplikation beruhende vokalvariation, die auf eine annäherung an den typus des semitischen deutet, auf germanischem boden eine weit bedeutendere rolle spielt als in jeder andern indogermanischen sprache. Aber dieses stamm- und wortbildende mittel wird nicht von sämtlichen germanen gleich häufig angewandt. Von sogenannten starken verben, d. h. von ablautenden oder reduplizirenden, finden sich im englischen etwa 80, im dänischen etwa 110, im schwedischen etwa 120, im deutschen gegen 160 und im holländischen rund 170. Hiernach würde man also annehmen müssen, dass sich das niederländische dem semitischen mehr genähert habe als die ihm verwandten sprachen. Diese ansicht erweist sich jedoch als unberechtigt, sobald man das schicksal des umlauts ins auge fasst. Die holländische deklination hat ihn ganz verloren. Die englische sprache weist wenigstens noch eine kleine zahl von wörtern auf, deren pluralis mit hülfe von vokalwechsel gebildet wird. Wenn man von dem nur selten vorkommenden, auf die feierliche rede beschränkten *kine* absieht, handelt es sich um 9 substantive, nämlich *brother* „bruder", (*child* „kind"), *foot* „fuss", *goose* „gans", *louse* „laus", *man* „mann", *mouse* „maus", *tooth* „zahn" und *woman* „frau". Etwas länger, obwohl immer noch kurz, ist die liste der dänischen wörter, die ihren pluralis mit umlaut bilden: *and* „ente“, *bod* „busse“, *bog* „buch“, *bonde* „bauer“, *broder* „bruder“, *datter* „tochter“, *fader* „vater“, *fod* „fuss“, *gaas* „gans“, *haand* „hand“, *ko* „kuh“, *klo* „klaue“, *kraft* „kraft“, *mand* „mann“, *moder* „mutter“, *nat* „nacht“, *rod* „wurzel“, *so* „sau“, *stad* „stadt“, *stand* „stand“, *stang* „stange“, *taa* „zehe“, *tand* „zahn“. Noch etwas grösser ist die zahl der umlautenden substantiva im schwedischen. Immerhin handelt es sich auch hier noch um weniger als 30, nämlich *and* „ente“, *bok* „buch“, *bokstaf* „buchstabe“, *bonde* „bauer“, *bot* „busse“, *broder* „bruder“, *fader* „vater“, *fot* „fuss“, *gås* „gans“, *hand* „hand“, *land* „land“, *ledamot* „glied“, *lus* „laus“, *man* „man“, *moder* „mutter“, *mus* „maus“, *natt* „nacht“, *rot* „wurzel“, *son* „sohn“, *stad* „stadt“, *stånd* „stand“, *stång* „stange“, *strand* „strand“, *tand* „zahn“, *tång* „zange“. Die liste der deutschen wörter endlich, die hier in betracht kommen, brauche ich wohl nicht aufzustellen. Sie alle kennen die deutsche sprache und wissen, dass ich länger als Ihnen lieb ist reden müsste, um einen solchen plan zur ausführung bringen zu können.

Es ergibt sich also, dass von den germanen niemand mehr gebrauch von vokalwechsel macht als der deutsche. Mithin gebührt ihm *die* stelle unter den germanen, die diesen unter den indogermanen zukommt.

Nun aber harrt noch die frage der antwort, was unsere stammesgenossen von uns unterscheidet. Ist es eine grössere erregbarkeit? oder nur das vorherrschen der vorstellungen? oder vielleicht beides? Nach allem, was wir von engländern, niederländern und skandinaviern wissen, ist kein zweifel, dass es in erster linie die stärke des gefühls ist, die uns vor ihnen auszeichnet oder, was vielleicht richtiger ist, von ihnen unterscheidet.

Zumal die engländer gelten den deutschen oft als phegmatiker im sinne von menschen von geringerer reizbarkeit. Aber ich glaube, sie sind es eigentlich nur in dem sinne, den *ich* dem worte phlegmatiker beigelegt habe: ihre gefühle vermögen den verstand nicht zu unterjochen, was nur zu oft bei uns geschieht, bei uns schwärmerisch angelegten menschen.

Die englische sprache hat mehr flexion eingebüsst als jede andere germanische, und sie hat in folge dessen eine unverkenn-

barc ähnlichkeit mit dem chinesischen bekommen. Was diese
entwickelung veranlasst hat, mag dahingestellt bleiben — vielleicht hängt es mit dem erdumsegeln zusammen —, die englische sprache gleicht heute der chinesischen, und die engländer
gleichen den chinesen. Sie gehn haushälterisch mit ihrem geiste
zu werk und sind daher nie ohne jeden vorrat von klugheit.
Sie vergessen selbst im augenblick, wo sie kleine heiden bekehren
wollen, nicht, einen abschätzenden seitenblick auf Manchester
zu werfen. Sio sind klug genug, andre leute auch etwas er-
finden und entdecken zu lassen, um es dann im entscheidenden
momente auszunutzen. Sie sind klug genug, in jeder reform
der moral eine bedenklichkeit zu wittern, und auch in vielen
andren reformen, und deshalb wollen sie die chinesische mauer,
die sie umgibt, nicht niederreissen.

Weit schwerer ist es, in den sprachen der niederländer und
skandinavier etwas das temperament kennzeichnendes auslindig
zu machen. Vielleicht darf man in zwei erscheinungen, die
uns auffallen, etwas sehn, was eine allerdings nur entfernte
ähnlichkeit mit uralaltaischen eigentümlichkeiten hat. Ich meine
die von niederländern mit vorliebe angewandten partizipialen
satzverknüpfungen und den skandinavischen angehängten artikel,
der an ein suffix erinnert, das noch nicht fest mit dem stamme
verwachsen ist. Partizipiale satzverknüpfungen sind allerdings
auch im romanischen sehr häufig. Aber es dürfte zu beachten
sein, dass sie wegen der vom holländischen abweichenden wortstellung einen ganz anderen eindruck machen. Lebhafte sinn-
lichkeit drängt die romanen, das partizipium möglichst an die
spitze zu stellen, schwerfällige bedachtsamkeit aber verrät der
niederländer durch eine vorausstellung des objektes samt allem
zubehör. Die nachsetzung des artikels andrerseits ist auch nichts
auf indogermanischem boden sonst unerhörtes. Sie findet sich
im albanesischen, bulgarischen und rumänischen. Aber dieser
umstand bestätigt ja fast die vermutung, dass es sich um eine
aus Asien stammende phlegmatikereigentümlichkeit handelt.

Es ergibt sich also aus meinen heutigen betrachtungen, dass
die modernen indogermanischen sprachen nach dem grade und
der art der in ihnen zum ausdruck kommenden reizbarkeit so,
wie diese tabelle angibt, zu gruppiren sind:

	Vorherrschen der vorstellungen.	Vorherrschen der gefühle.	
Grosse reizbarkeit.	Keltisch.	Romanisch.	Grosse reizbarkeit.
	Grie chisch.		
Geringe reizbarkeit.	Armenisch. Slavisch. Indisch. Iranisch.	Germanisch.	Geringe reizbarkeit.
	Vorherrschen der vorstellungen.	Vorherrschen der gefühle.	

Innerhalb des germanischen scheinen sich keine graduellen unterschiede der reizbarkeit nachweisen zu lassen, wohl aber ein solcher der art, insofern, als das deutsche mehr gefühl zum ausdruck bringt als das englische, schwedische, dänische und niederländische.

Somit wäre die stelle gefunden, die dem deutschen unter den sprachen der erde zukommt, und es gilt jetzt, das an den ihm gebührenden platz gerückte objekt so zu beleuchten, dass ein lebenswahres bild erscheint. Damit werde ich das nächste mal beginnen.

FÜNFTER VORTRAG.

Der einfluss, den das temperament auf die gestaltung der rede ausübt, ist zwar weit mächtiger, als meine, manche ergänzung schuldende darstellung hat erkennen lassen; doch schon das wenige, was ich vorgebracht habe, die schilderung seiner unmittelbaren einwirkung auf den umfang der psychischen gebilde, in die gesamtvorstellungen zerlegt werden, genügt, um seine grundlegende bedeutung anschaulich zu machen. Denn das zerlegen ist ja eine unerlässliche und die erste thätigkeit des redebildenden denkens.

Unabhängig von der einwirkung des temperaments macht sich jedoch noch eine fülle von anderen einflüssen geltend, eine zunächst unübersehbare fülle unberechenbarer einflüsse. Was hier tief eindringt, mag dort spurlos vorübergehen, weil eine vielleicht unerkennbare kraft entgegenarbeitet, oder aus irgend einem andren, vielleicht niemals klarzulegenden grunde. Es empfiehlt sich daher auch für unsere weiteren betrachtungen wohl nicht mehr, zu fragen: wie wirkt dies, wie wirkt das auf den deutschen sprachbau? Denn wir dürfen nicht erwarten, dass alles spuren hinterlässt wie der einfluss des temperaments, von dessen tief eindringender einwirkung wir überzeugt sein durften, ehe wir zur beobachtung der einzelnen sprachen übergingen. Wir werden also im gegensatze zu der bis jetzt von mir befolgten methode fragen müssen: was verrät uns diese, was verrät uns jene grammatische eigentümlichkeit?

Dabei wird es sich allerdings nicht ganz vermeiden lassen, die grenzen des von mir abgesteckten untersuchungsgebietes hier und da einmal zu überschreiten. Denn fast alles, was geredet

4

wird, bringt nicht nur einen teil einer bestimmten weltanschauung
zum ausdruck, sondern auch die mit diesem verbundenen gefühle, und häufig ist es gerade *deren* äusserung, worum es dem
sprecher überhaupt zu thun ist. Wie einer in den wald geht
und einen bestimmten buchstaben in alle rinden einschneidet,
ohne dabei im entferntesten von dem wunsche geleitet zu sein,
sich in der kunst des holzschnitzens zu üben, so schlendert man
auch wohl zu zweit die strasse entlang und erzählt einander
lange geschichten, nicht als ob sich auch nur einer von beiden
für irgend eine von den langen geschichten interessirte, sondern
nur, weil die beiden — um es stimmungsgemäss auszudrücken —
halt gern mit einander gehn. Die aufgabe des sprachforschers
ist es, die mittel ausfindig zu machen, die jedem volke für diese
alltagslyrik zu gebote stehn, und die verschiedenheiten zu erklären.

Hat die sprache vielleicht kleine, anscheinend nichtssagende
wörtchen wie unser *gell*, das man in die rede einschmuggelt,
um sich einzuschmeicheln, wie wenn man fragend sagt: *gell,
ich krieg' das? gell, du sagst mir's?* Hat sie besondere formen der liebkosung, verehrung, verachtung, und sind sie grob-
sinnlich oder von feinerer, geistigerer art? Kann man sich so
kurz despotisch äussern, wie wir es durch eine wendung
wie *du schweigst!* statt *schweig!* vermögen? Kann man ein
leeres *Sie* durch ein trautes *du* ersetzen — um Puschkins
beiwörter zu gebrauchen — oder muss man sich scheinbar gleich-
bleiben, mag man anbeten, beleidigen, verhöhnen wollen? Gibts
vielleicht ein sprachzeremoniell, das den mund nicht des über-
gehn lässt, wessen das herz voll ist? Oder zwingt die sprache
dazu, die rede in allen fällen auf das vom verstand gebilligte
zu beschränken, selbst die leidenschaft mit nüchternen worten
zu umkleiden, vielleicht auf die dauer durch nüchterne worte
zu ersticken?

Von dergleichen soll jedoch nicht *mehr* geredet werden, als
die notwendigkeit, zusammengehöriges zusammen zu behandeln,
unbedingt verlangt, und auch von dem, was in erster linie die
weltanschauung verrät und nicht die mit derselben verbundenen
gefühle, soll nur das dem deutschen eigenartige eingehende behandlung erfahren. Die untersuchung und darstellung wird sich
demgemäss in drei abschnitte gliedern.

Im ersten abschnitte soll zunächst untersucht werden, wieweit die der formellen einteilung des wortschatzes zu grunde liegende klassifikation der vorstellungen als eine dem deutschen eigenartige anzusehn ist, und wie sich dieses eigenartig deutsche erklärt. Dann soll festgestellt werden, welche von den mitteln, die zur näheren bestimmung einer einzelnen vorstellung dienende beziehungen und modifikationen bezeichnen, besonderer beachtung wert sind.

Im zweiten abschnitte werde ich festzustellen versuchen, in welcher reihenfolge die einzelnen glieder des deutschen satzes zusammengefügt werden, und was sich aus dieser wortstellung auf grund allgemeiner erwägungen sowie im hinblick auf die andren uns bekannten sprachen erschliessen lässt.

Im dritten abschnitte endlich soll klargelegt werden, welche beziehungen zwischen den einzelnen vorstellungen einerseits, sowie zwischen der rede und dem redenden andrerseits erfasst werden, wie man sie zum ausdruck bringt, und was beides von deutscher weltanschauung und im besonderen von deutscher geisteskraft verrät.

Die erledigung des ersten dieser drei teile meiner untersuchung ist das ziel, das ich mit meinem heutigen vortrage erstrebe.

Die formelle einteilung des deutschen wortschatzes, d. h. dessen scheidung in wortarten wie substantiva, adjektiva, verba, adverbia etc., deren weitere scheidung in unterarten, wie die einteilung der substantiva in nomina propria, kollektiva, diminutiva etc. und ihre anordnung nach geschlechtern, dies alles weist doch nur weniges auf, was zu einer besprechung anlass gibt. Soviel ich sehe, sind es nur zwei vorgänge, die unserer aufmerksamkeit im besonderen masse wert sind, der zum teil erfolgte zusammenfall des prädikativen adjektivs mit dem von ihm abgeleiteten adverbium und das schicksal des grammatischen geschlechts.

Drei umstände sind es, die den zusammenfall des prädikativen adjektivs mit dem adverbium in hohem grade begünstigt und zum teil veranlasst haben: die verallgemeinerung der flexionslosen form des prädikativen adjektivs, der schwund unbetonter endvokale und die angleichung umgelauteter formen an unumgelautete bzw. der umgekehrte vorgang. Schon im althochdeutschen wurden die prädizirten adjektive mit vorliebe flexionslos gebraucht, aber erst in neuerer zeit sind sie zur alleinherrschaft gekommen. Im mittelhochdeutschen konnte man noch sagen: *der man ist blinder, die vrouwe ist blindiu, daʒ kint ist blindeʒ.* Diese flektirten formen sind nun aber bis auf vereinzelte reste wie „voller, halber" ausgestorben, und selbst diese spärlichen überbleibsel alten reichtums kommen nicht mehr in betracht, da sie nicht mehr als flektirte formen empfunden werden. Man sagt: *der anger ist voller blumen, die wiese ist voller blumen, das feld ist voller blumen,* während man mittelhochdeutsch gesagt haben würde: *der anger ist voller bluomen, diu wise ist volliu bluomen, daʒ velt ist volleʒ bluomen;* man verrät also deutlich, dass man nicht mehr weiss, was man sagt.

Doch die verallgemeinerung der flexionslosen adjektivformen allein hatte den zusammenfall mit dem adverbium noch nicht zur folge. Meist unterschied sich dieses ja vom adjektivum durch die endung -e, wie das mittelhochdeutsche *lange* von *lanc,* oder — bei umgelauteten zweisilbigen adjektiven — durch den mangel des umlauts, wie das mittelhochdeutsche *ange* von *enge, harte* von *herte, sanfte* von *senfte* und dergleichen. Erst durch den abfall der adverbialendung und die angleichung umgelauteter formen an unumgelautete oder den umgekehrten vorgang ist eine völlige aufhebung des unterschiedes möglich geworden.

Ausgeschlossen ist ein derartiger zusammenfall natürlich da, wo das prädikative adjektiv sich nach seinem substantivum in bezug auf genus und numerus richtet, wie dies — wenn auch nicht ausnahmlos, so doch meistens — im schwedischen, ost-norwegischen und im dänischen geschieht.

So fällt das norwegische adverbium *godt* allerdings mit der neutralform des prädikativen adjektivums — wenigstens äusserlich — zusammen. Es heisst *sov godt* (dänisch *sov vel*) „schlaf wohl" und *barnet er godt* „das kind ist gut". Aber der unterschied zwischen dem prädikativen adjektivum und dem aus ihm gebildeten adverbium kann nicht gänzlich schwinden, weil es noch heisst: *gutten er god* „der knabe ist gut", *bornene er gode* „die kinder sind gut". Im niederländischen herrscht derselbe zustand wie im deutschen. Im englischen endlich, wo mehr flexion beseitigt worden ist als in allen andren germanischen sprachen, wird das adverbium scharf vom prädikativen adjektivum unterschieden, und zwar dadurch, dass die schon im altenglischen häufigen adverbialformen auf *-līce* (neuenglisch *-ly*) -- analogiebildungen nach den regelrecht von adjektiven auf *-līc* abgeleiteten — im laufe der zeit zu den fast ausschliesslich herrschenden geworden sind, und dadurch einen unterschied aufrecht erhalten haben, der ohne sie leicht hätte schwinden *können*, keineswegs jedoch schwinden *müssen*. Denn man würde andre mittel gefunden haben, wenn man ihrer bedurft hätte, so gut wie man sich eines sich darbietenden trefflichen ersatzes für formen, die dem untergang entgegengehn, nicht bedient, wenn man keinen wert darauf legt. Auch im deutschen sind ja die den altenglischen formen auf *-līce* entsprechenden adverbien auf *-lich*, aus mittelhochdeutschem *-lîche*, althochdeutschem *-lîcho*, sehr beliebt gewesen, und noch heute gibt es ja eine reihe von wörtern auf *-lich*, die auf den adverbialen gebrauch beschränkt sind oder doch nur mit substantiven von deutlich empfundenem verbalem ursprung adjektivisch verbunden werden können, wie *bitterlich*, *böslich*, *fälschlich*, *gütlich*, *höchlich*, *kürzlich* und andre. Aber eine adverbialendung wie das englische *-ly* ist das deutsche *-lich* trotz alledem nicht geworden, und wenn es nicht geschehen ist, so zeigt dies oben, dass die deutschen auf die scheidung des adverbs von prädikativen adjektiven keinen besonderen wert gelegt haben.

Verrät uns unser sprachgefühl denn aber nichts mehr von einem unterschiede zwischen dem worte *schön* in dem satze *sie ist schön* und dem gleichklingenden in dem satze *sie singt schön?* *Etwas* verrät es uns — wie ich glaube — allerdings noch immer. Wenn ich beide behauptungen in den superlativ übersetze, so finde ich, dass mir für das eine *schön* *zwei* formen zur verfügung stehn, für das andre nur *eine*. Während ich in dem einen falle sagen kann *sie ist die schönste*, oder *sie ist am schönsten*, muss ich in dem andren falle sagen *sie singt am schönsten*. Also gibt es einen unterschied, der erkennbar ist, ohne dass es dazu gelehrter studien bedürfte. Aber der unterschied ist gar sehr der gefahr ausgesetzt, ganz beseitigt zu werden, und zwar dadurch, dass die fraglos adverbielle form mit *am* die alleinherrschende wird. Schon heute ist sie ja eine äusserst beliebte, und der umstand, dass sie in jedem falle gebraucht werden *kann,* deutet schon darauf, dass die unflektirte adjektivform ein adverbium werden wird, und es zum teil schon geworden ist. Dafür spricht auch eine beachtenswerte erscheinung des holländischen, das ja hinsichtlich des zusammenfalls der prädikativen adjektive mit den aus ihnen abgeleiteten adverbien dem deutschen am nächsten steht und daher wohl geeignet ist, aufschluss zu gewähren. Im holländischen zeigt sich nämlich selbst beim attributiven gebrauch der adjektiva eine unterscheidung, die beweist, dass die flexionslose form adverbialen charakter angenommen hat. Wenn man von einem starken trinker redet, so kann sich das adjektivum „stark“ auf die person schlechthin beziehn oder auf die ihr durch das substantiv beigelegte eigenschaft. Im letzteren falle müsste also von rechtswegen dem worte *trinker* ein adverbium vorausgehn nach art des englischen „*an early riser*“. In der that geschieht dies nun auch im holländischen. Denn es heisst *een sterk drinker,* wenn man einen mann bezeichnen will, der stark trinkt, während *een sterke drinker* einen starken mann bezeichnen würde, der trinkt. So sagt man auch *een goede burgemeester is niet altoos een goed burgemeester,* d. h. ein guter mann, der bürgermeister ist, ist nicht immer in seiner eigenschaft als bürgermeister gut.

Deutsche wörter wie *frühaufsteher* erinnern an das englische *an early riser,* wie auch an die erwähnte holländische erscheinung, dürfen jedoch nicht auf eine linie gestellt werden, da sie nach ausweis der betonung komposita sind.

Darf man also annehmen, dass die flexionslosen adjektivformen des deutschen und holländischen teils adverbia geworden sind, teils dazu neigen, solche zu werden, so ergibt sich daraus, dass die deutschen und holländer mehr als die andern germanen dazu neigen, der sogenannten kopula ihre alte sinnlich verbale kraft wiederzuverleihn, das verbum *sein* zur bezeichnung eines *zustandes* zu verwenden.

Der unterschied zwischen einem zuständlichen und wesenhaften sein wird von einer reihe von völkern klar erfasst und zum ausdruck gebracht. Ich erwähne nur einiges, aus sprachen, die wenigstens einem teil von uns näher liegen. Im spanischen und irischen wird der unterschied durch anwendung verschiedener verba zum ausdruck gebracht; im spanischen stehen sich *ser* und *estar,* im irischen *is* und *atá* gegenüber. „Diese thür

ist sehr hoch" heisst auf spanisch *esta puerta es muy alta*;
„diese thür ist verschlossen" heisst *esta puerta está serrada*.
Entsprechend bedeutet das irische *is fear é* wörtlich „ist mann
er" : er ist ein mann (kein wesen andrer art, kein tier oder
dergleichen); *atá sé n-a fhéar* wörtlich „ist er in seinem mann"
dagegen heisst: „er ist ein mann" (kein knabe mehr und noch
kein greis). Andre sprachen bringen denselben unterschied dadurch zum ausdruck, dass sie mit dem verbum „sein", wenn es
ein befinden, sich verhalten oder dergleichen bezeichnet, eine
andere kasusform verbinden, z. b. das finnische und zum teil
das baltisch-slavische. So steht das finnische prädikatswort in
der stammform, wenn dem subjekt eine bleibende eigenschaft
zugesprochen wird. Wird dagegen etwas zufälliges oder vorüber-
gehendes ausgesagt, so wird der essiv gebraucht, d. h. ein kasus,
der im allgemeinen eine näher bestimmte zeit bezeichnet. Demgemäss sagt man: *isä on hyvä* „der vater ist gut", aber *isä on
kipeänä* (essiv von *kipeä*) „der vater ist krank", *hän on lääkäri*
„er ist arzt", aber *hän on lääkärina* (essiv von *lääkäri*) *Helsin-
gissä* „er ist arzt in Helsingfors". Eine ähnliche erscheinung ist
der baltische und slavische instrumental- als prädikatskasus, z. b.
litauisch *szltas zalnērius dár akrútu* (instr. von *akrútas*), wörtl.
„dieser söldner noch rekrut-mit", d. h. „dieser soldat ist noch
rekrut", russisch *on byl bolným* (instr.) „er war krank".
Derartige verbindungen des verbums „sein" mit einem instrumentalis, d. h. einer form, die im indogermanischen zur
bezeichnung alles dessen dient, womit zusammen der träger der
satzhandlung diese vollzieht, nähern sich nun offenbar sehr der
erweiterung durch adverbien. Werden diese doch vielfach thatsächlich durch instrumentale oder kasusformen von ähnlicher
bedeutung ersetzt, z. b. russisch *jéchat' šágom* „schrittweise
fahren", „schritt fahren", polnisch *iść gromadą* „haufenweise
gohn", *galopem jechać* „galoppweise reiten", „galopp reiten".
Ebenso entspricht dem mit dem spanischen *estar* und irischen
atá verbundenem adjektivum nach unserem gefühl oft, wenn
nicht meist, ein adverbium: *es bueno* heisst englisch *he is good*,
está bueno dagegen *he is well*.
Im deutschen und holländischen zeigt sich nun — wie erwähnt — die neigung, *jedes* verbum „sein" zum ausdruck eines
zustandes zu machen, mithin die ansicht, man könne den dingen

---

56

überhaupt keine bleibenden eigenschaften zuschreiben, sondern nur vorgänge, also thätigkeiten, die sie ausüben, oder zustände, in die sie geraten, die sie mit andren vertauschen können. Wer gewohnt ist, über das indogermanische sprachgebiet hinauszuschaun, mag hierdurch an die weitverbreitete, wohl namentlich auf amerikanischem boden häufige erscheinung erinnert werden, dass prädikative adjektiva wie verbalausdrücke behandelt werden. So heisst es, um nur zwei sprachen heranzuziehen, die einander im allgemeinen fremdartig genug gegenüberstehn, im *Nawatl*:

ni-kwalli	„ich bin gut",	*ni-nemi*	„ich lebe";
ti-kwalli	„du bist gut",	*ti-nemi*	„du lebst";
kwalli	„er ist gut",	*nemi*	„er lebt";

und entsprechend im *Wolof*:

bache-na	„ich bin gut",	*dunde-na*	„ich lebe";
bache-ña	„du bist gut",	*dunde-ña*	„du lebst";
bache-na	„er ist gut",	*dunde-na*	„er lebt".

Aber diese und alle ähnlichen beispiele weisen nur darauf hin, dass der unterschied zwischen eigenschaften und zuständen nicht klar erfasst wird, während das holländische und deutsche den deutlich unterschiedenen zustandsausdruck soweit wie möglich bevorzugen.

Die dieser bevorzugung zugrunde liegende neigung, die dinge lieber als handelnde oder doch mindestens sich verändernde aufzufassen, denn als ewig ruhende, leblose objekte, an denen man nur eigenschaften beobachtet, tritt auch bei der behandlung des grammatischen geschlechts zu tage.

Es ist nicht leicht, kurz und bündig zu sagen, was man unter grammatischem geschlecht zu verstehn hat, wenn auch alle welt es zu wissen glaubt. Und doch dürfen wir die frage nicht unbeantwortet lassen. Versuchen wir's daher einmal mit einer vorläufigen, auf die beobachtung des deutschen gegründeten definition, die später geprüft und berichtigt werden mag.

Allem anschein nach ist die verteilung der substantiva auf grammatische geschlechter, wie sie uns im deutschen entgegentritt, eine klassifikation auf grund wirklich vorhandener oder unserer phantasie vorschwebender sexualverschiedenheit. Wie es gekommen ist, dass ein ding wie ein stein durch seinen namen jetzt als ein dem männlichen geschlecht angehöriges wesen gekennzeichnet wird, das ist eine frage, die erst in zweiter linie in betracht kommt. Vielleicht hat eine üppige phantasie im steine eigenschaften zu entdecken geglaubt, die das leben eines männlichen wesens vorauszusetzen schienen. Vielleicht hat man sich auch nur gesagt: das da ist hart, gewaltthätig, verwundend wie ein mann, wenns auch nicht lebt und in wahrheit geschlechtslos ist. Vielleicht aber hat das wort stein auch nur durch zufall dieselbe endung bekommen, die den oft besprochenen namen männlicher wesen eigen war; und die formelle ähnlichkeit hat die phantasie angeregt, auch eine ähnlichkeit in den dingen zu suchen. Doch, wie es auch sein mag, für uns ist der stein ein männliches oder mindestens ein mannartiges, mannähnliches wesen, wenn auch ruhige überlegung der personifizirenden phantasie spotten und manche ungereimtheit entdecken mag.

Wenn es sich also beim grammatischen geschlecht um eine klassifikation der substantiva handelt, was doch offenbar der fall ist, dann hat die unterscheidung des natürlichen geschlechts durch besondere von ganz verschiedenen wurzeln abgeleitete wörter, wie *vater mutter, sohn tochter, hengst stute* und dergleichen nichts mit dem grammatischen geschlechte zu thun.

Denn da, wo man nur diese unterscheidung kennt, würden sich offenbar ebensoviele klassen herausstellen, wie es substantiva gibt. Ebensowenig ist es ferner als zeichen grammatischen geschlechts anzusehn, wenn zum ausdruck des natürlichen geschlechts einem substantivum ein andres, noch isolirt vorkommendes, oder ein persönliches pronomen attributiv oder appositionell beigefügt wird, wie es beim englischen *male-servant, man-servant, he-servant* „diener", *female-servant, maid-servant, she-servant* „dienerin" der fall ist, da ja eben der umstand, dass *servant* ohne weitren zusatz sowohl einen mann wie ein weib bezeichnen kann, beweist, dass *servant* nicht geschlechtlich · klassifizirt ist.

Dasselbe gilt für das hottentotische, dem man mehrfach grammatisches geschlecht zugeschrieben hat. Wenn man hört, in dieser sprache heisse „der sklave" *khawó-b*, „die sklavin" *khawó-s*, so könnte man denken, diese wörter seien bildungen wie die lateinischen nomina *servus* und *serra*. Es sind jedoch vielmehr die englischen komposita *he-servant she-servant* zu vergleichen. Denn es heisst beispielsweise auch *mà-b* „er gibt“, *mà-s* „sie gibt“, *tsĩ-b* „und er“, *tsĩ-s* „und sie“, und andrerseits kann *khawó* auch ohne suffix auftreten, wenn dieses einem vorausgehenden, auf *khawó* weisenden pronominalstamm angehängt wird. So heisst „er ist ein sklave“ entweder *kĕi-b gye khawó-b* etwa „dort-er ist sklave-er“ oder *kĕi-b gye khawó* etwa „dort-er ist sklave“.

Wofern jedoch die bedingung erfüllt ist, dass jedes substantivum als einer bestimmten geschlechtsklasse angehörig gekennzeichnet wird, kommt es auf die art der kennzeichnung nur insofern an, als diese etwa die gestaltung des ganzen satzes beeinflusst, nicht aber im hinblick auf die klassifikation selbst. So verrät das lateinische wort *ordo* „ordnung“ durch keine der verschiedenen kasusformen, dass es ein maskulinum ist. Denn es gibt andre und bekanntlich ziemlich viele ganz gleich deklinirte substantiva auf *-do*, die feminina sind. Trotzdem ist man sich aber der zugehörigkeit zur klasse der masculina bewusst gewesen. Denn sonst würde man für ein auf *ordo* bezogenes adjektivum oder pronomen doch auch ab und zu einmal die femininform oder die neutrale gebraucht haben.

Ich halte es deshalb auch für unrichtig, idiomen wie dem tschetschenischen, awarischen, andischen, lakischen, artschinischen und andren das grammatische geschlecht *deshalb* abzusprechen, weil in diesen sprachen das kennzeichen des geschlechts nicht dem zu kennzeichnenden substantivum beigegeben wird, sondern dem auf dieses bezogenen adjektivum oder verbum. Wenn es beispielsweise im awarischen heisst:

emen kudija-v v-ugo } d. h. „der vater ist gross“;
vater gross-er er-ist

ebel kudija-j j-ugo } d. h. „die mutter ist gross“;
mutter gross-e sie-ist

tšu kudija-b b-ugo } d. h. „das pferd ist gross“;
pferd gross-es es-ist

so wird die zugehörigkeit der wörter *emen ebel tšu* zu bestimmten klassen durch die suffixe bzw. präp. *v j b* offenbar ebenso scharf bezeichnet, wie das lat. *pater* und *mater* durch *magnus* und *magna* bestimmt werden.

Andre fragen sind es, ob die anscheinend dem indogermanischen gleiche geschlechtsunterscheidung wie die des awarischen und anderer nordkaukasischer sprachen wirklich die ganze sprache durchdringt. Ob sie nicht vielleicht nur menschliche wesen als männliche und weibliche kennzeichnet und alles andre als unvernünftiges gegenüberstellt. Ob sie vielleicht andre unterscheidungen mit der des geschlechts verbindet. Und damit komme ich zu einer beobachtung, die zu einer berichtigung der versuchsweise aufgestellten definition führt. Eine klassifikation der substantiva, die *nur* auf der beobachtung wirklich vorhandener oder der phantasie vorschwebender sexualverschiedenheit beruhte, kommt überhaupt nicht vor.

Zum teil wird mit der einteilung der dinge in männliche und weibliche, beziehungsweise männliche, weibliche und geschlechtlich nicht gekennzeichnete, eine andre gewissermassen nur locker verbunden, etwa die in belebte und unbelebte. Dies geschieht beispielsweise im spanischen, wo das direkte objekt, wenn es ein belebtes ist, nicht wie sonst im akkusativ steht, sondern im dativ. So heisst es zwar *el padre ama la musica* „der vater liebt die musik", aber *el padre ama á la hija* „der vater liebt die tochter". Ähnliches findet sich im slavischen und zigeunerischen. Aber auch da, wo eine derartige verbindung verschiedener klassifikationsprinzipien nicht so klar vorliegt, auch da, wo alles nur im hinblick auf sexualverschiedenheit geordnet zu werden scheint, zeigt sich bei genauerer beobachtung eine verquickung mit andren gesichtspunkten. Dass sich mit der vorstellung eines männlichen wesens in der regel andre gedanken verbinden als mit der eines weiblichen, ist ja von vornherein zu erwarten. Eine sorgfältige beobachtung der sprachen lehrt uns nun aber auch erkennen, dass die femininformen fast nirgends als eine der maskulinform gleichartige erscheint, sondern als eine von der massgebenden grundform abgeleitete, dass sich mit der scheidung in männliches und weibliches die auf manchen gebieten fast alleinherrschende in höheres und niederes verbindet. Wo, wie im indogermanischen, ein neutrum hinzukommt, kann dieses die dinge ohne rücksicht auf ihr geschlecht bezeichnen, wie *huhn* neben *hahn* und *henne*, aber auch den gegensatz von belebtem zum unbelebten wieder wachrufen. Wo die scheidung in maskulina und feminina auf menschliche wesen beschränkt wird, da muss infolge dessen der unterschied dieser von allen andren scharf hervortreten, da muss sich eine klasse von höheren wesen einer von niederen gegenüberstellen, oder vielleicht vernünftiges und unvernünftiges geschieden werden. Derartige mit der geschlechtsbezeichnung verbundene, von ihr untrennbare unterscheidungen sind nun offenbar versuche, die dinge nach irgend einem wesentlichen merkmal zu klassifiziren. Was wesentlich ist, lässt sich aber natürlich schwer sagen. Vermuten darf man aber wohl, dass jedem volke das als besonders bemerkenswert erscheint, was sein eigenes leben berührt, vielleicht tief in dieses eingreift. Nichts aber ist im kampfe ums dasein, im kampfe um macht so beachtenswert, wie die macht der gegner, also die macht aller andren. Und in der that zielen ja auch all die erwähnten unterscheidungen auf eine abschätzung in diesem sinn.

Mithin möchte ich, meine definition berichtigend, sagen: genus bezeichnet die klassifikation der substantiva mit rücksicht auf die macht, die den durch sie bezeichneten objekten zugeschrieben wird.

Die mehrzahl der völker hat der natur allem anschein nach nie eine auf machtabschätzung zielende aufmerksamkeit zu teil werden lassen. Einige haben einen kleinen anfang gemacht, die begonnene musterung aber nicht durchführen können oder wollen. Doch auf diesem gebiete ist fast alles blosse vermutung. Wo ein einblick in die geschichte der sprache unmöglich ist — und dies gilt ja für die meisten fälle — da lässt sich ja nicht sagen, ob lange erfahrung einen vielleicht einst sorgsam gepflegten gespensterglauben beseitigt hat, oder ob's nie dazu gekommen ist, weil nie auf das geachtet wurde, was gespenster vortäuschen kann. Doch auch die vermutung mag geäussert werden, wenn sichere erkenntnis versagt ist. Völker, denen harte schulung schon früh die ahnung eingibt, dass die verachtung der sie umgebenden natur eine ihrem kampfe ums dasein gefährliche dummheit ist, die den sturm die blüte zerstören sehn, ihrer schwäche sich bewusst vor dem schicksal erbeben und lernen, dass es oft schon eine nicht geringe kunst, auch nur die scherben des glücks zu sammeln, die werden in ihrer jugend zu nachdenklichen, oft tiefsinnigen dichtern. Sie streifen nicht achtlos durch feld und wald. Im herbstwind singen ihnen vielleicht die blätter schlimme lieder vor, und koboldsgespött raschelt im laub. Die ganze natur, vor der ihnen graust, wird menschenähnlich, wird mann und weib. Doch mit wachsender erfahrung mehrt sich die eigene macht, und das bewusstsein der eigenen macht führt zu einer einschränkung der alles belebenden phantasie, führt zu der erkenntnis, dass neben mann und weib noch ein drittes steht, das keins von beiden ist, ein neutrum.

Diesen standpunkt haben die indogermanen schon vor der trennung in die aus der geschichte bekannten völkerschaften erreicht. Aber nirgends hat sich das altüberlieferte unverändert erhalten.

Aus einer reihe von sprachen ist das neutrum wieder geschwunden, so aus dem Sindhi, Panjabi, Hindi, zigeunerischen, afghanischen, litauischen, aus allen keltischen und romanischen idiomen — wenn man von den dürftigen resten beim pronomen · wie vom spanischen *ello* und dem irischen *eadh* absehen darf —. Andere haben die unterscheidung der geschlechter ganz aufgegeben, wie das Bengali, Oriya, persische, kurdische, ossetische, armenische. Erhalten hat sich der alte zustand im wesentlichen im Gujerati, Marathi, den slavischen und germanischen sprachen.

Auf dem engeren gebiete dieser letztgenannten mundarten zeigen sich jedoch wieder bemerkenswerte unterschiede.

Die engländer verraten ohne zweifel eine starke neigung, alles aussermenschliche als sächlich zu behandeln. Dass sie diesen grundsatz nicht streng durchführen, ist ja bekannt. Aber es ist doch schon jetzt ein beredtes zeugnis ihres bewusstseins eigener macht, dass sie deutlich menschen und nichtmenschen, oder höheres und niederes, oder vernünftiges und unvernünftiges unterscheiden, und den heutigen verhältnissen entsprechend auch das belebte unvernünftige als der macht entbehrend geringschätzig betrachten. Eine ähnliche anschauung verrät das dänische. Dadurch, dass die pronomina *han* „er" und *hun* „sie" im allgemeinen nur auf personen bezogen werden, kommt natürlich ebenfalls eine scheidung in vernünftiges und unvernünftiges wie im englischen zu stande. Aber diese zweiteilung herrscht nicht in gleicher weise, da infolge der vereinigung der alten maskulina und feminina zu einem dem neutrum gegenüberstehenden gemeinschaftlichen geschlecht eine die ganze sprache weit mehr durchdringende klassifikation der substantiva zu stande gekommen ist, die mehr an die einteilung in belebtes und unbelebtes erinnert. Im schwedischen liegt nur letzteres vor, da *han* und *hon* in dieser sprache sowohl für menschen wie für tiere gilt. Im deutschen und niederländischen hat sich die alte dreiteilung im wesentlichen unversehrt erhalten, und die norwegische umgangssprache scheint auch nur zögernd das alte aufgeben zu wollen.

Es zeigt sich also, dass wir, wie auch die niederländer und norweger uns von dem glauben, die ganze natur sei belebt, schwerer freimachen können als die engländer, dänen und schweden, dass unser bewusstsein eigener macht — falls das zeugnis der sprache ein richtiges ist — nicht so gross ist wie bei unseren stammverwandten im norden, wenn auch immerhin noch grösser als bei einer grossen zahl von indogermanen.

Das schicksal des grammatischen geschlechts auf germanischem gebiete bestätigt also auch, was ich aus der im deutschen und niederländischen erfolgten verwandlung des prädikativen adjektivs in ein adverb erschlossen habe, dass wir mehr als unsere stammverwandten im norden alles für belebt und als belebt handelnd halten.

Hinsichtlich der erörterung der mittel, die zur näheren bestimmung einer einzelnen vorstellung dienende beziehungen und modifikationen zum ausdruck bringen, muss ich mich mit rücksicht auf die schon vorgerückte zeit mit ein paar kurzen andeutungen begnügen. Nur auf eine, ganz eigenartige, erscheinung möchte ich Ihre aufmerksamkeit lenken und zwar auf die deutsche intensivbildung durch konsonantenverstärkung. Neben dem verbum *plagen* steht *placken* mit der bedeutung „hart und kleinlich plagen“, neben *ziehen* steht *zucken*, *zücken* mit der bedeutung „kurz und heftig ziehn“, neben *schieben* steht *schuppen*, *schupfen*, *schupsen* mit der bedeutung „heftig oder stossend schieben“, neben *neigen* steht *nicken* mit der bedeutung „einmal lebhaft neigen“ oder, als frequentativum, „wiederholt neigen“. Diese art der intensivbildung ist insofern in hohem grade beachtenswert, als sie auf indogermanischem gebiete fast ganz vereinsamt dasteht und in der ganzen welt vereinsamt dastehen würde, wenn das semitische nicht das gleiche kennte. Wie im deutschen *placken* ein verstärktes *plagen* liegt, so bezeichnet *šibbár* „er zerschmetterte“ ein intensiveres *šabhár* „er zerbrach“. Dass beide bildungen gleichen ursprungs seien, behaupte ich natürlich nicht. Aber ich erkläre es allerdings für

eine mehr als zufällige erscheinung, dass unsere sprache, die
sich von allen germanischen hinsichtlich der vokalvariation am
meisten dem semitischen nähert, auch in dieser beziehung wieder
auf denselben typus weist; und ich halte diese art der intensivbildung durch verstärkung des begriffsträgers dem anderwärts
so beliebten plumpen mittel der reduplikation gegenüber auch
für etwas, was der sprache ganz entschieden als vorzug anzu-
rechnen ist.

SECHSTER VORTRAG.

In welcher reihenfolge werden die wichtigsten glieder des deutschen satzes zusammengefügt? Wie weit ist diese art der wortstellung eine innerhalb des germanischen gebietes nur dem deutschen eigentümliche? Und was lässt sich hieraus auf grund allgemeiner erwägungen sowie im hinblick auf die andern uns bekannten sprachen erschliessen? Das sind die fragen, deren beantwortung mir heute obliegt.

Weist denn aber die deutsche wortfolge überhaupt etwas eigenartiges auf? Gilt nicht alles, was sich durch beobachtung dieses teils der grammatik entdecken lassen mag, für unsere stammesgenossen so gut wie für uns?

Dass die auf germanischem gebiete erkennbaren verschiedenheiten in der wortstellung äusserst geringfügige sind, lässt sich allerdings nicht leugnen. Aber auch die geringfügigste abweichung kennzeichnet sich doch durch die richtung, die sie einschlägt, auch die kleinste ist eine verräterin, und ein eifriger späher wird keine einzige unbeachtet lassen, weil er weiss, dass alle kleinen bei grossen im dienste stehn.

Die rücksicht auf die mir zu gebote stehende zeit zwingt jedoch zur beschränkung auf das wichtigste. Deshalb werde ich nur die stellung des adjektivischen attributs sowie die des nominalen subjekts eingehend erörtern, um dann einigen verwandten erscheinungen aus der lehre von der satzverbindung wenigstens ein paar kurze andeutungen zu teil werden zu lassen.

Ich beginne mit der behandlung der attributiven adjektiva, beschränke mich dabei jedoch auf solche, die eine eigenschaft bezeichnen, wie gut, gross, schön und dergl., schliesse also zahlwörter und adjektivische deklinierte pronomina aus.

In allen lebenden germanischen sprachen ist die regelrechte stellung der adjektivischen attribute die *vor* dem substantivum.

Aber es gibt ausnahmen, nicht nur in der poesie, von der ich
ganz absehen will, sondern auch in der alltäglichen umgangssprache; nur treten diese ausnahmen nicht überall gleich häufig
auf. Schweden, norweger, dänen und niederländer halten wohl
am festesten an der regel; sieht man von dem ganz interjektions-
artigen *godalmachtig* der holländer und dem wohl nicht all zu häufig
nachgesetzten schwedischen *lilla*, wie in *pappa lilla* „väterchen
liebes!", ab, so darf man sogar vielleicht behaupten : sie alle lassen
ausnahmen überhaupt nicht zu. Etwas mehr freiheit gestatten sich
die engländer. Namentlich die liebkosung sprengt die sonst recht
festen bande der sitte, und man lässt ein *dear* dem substantivum
nicht selten folgen. Noch häufiger jedoch findet sich das nachgestellte adjektivische attribut im deutschen, regelmässig freilich
nur in einer einzigen, aber oft wiederkehrenden stimmung, und
zwar beim fluchen. Da heisst es auf einmal, aller grammatik
zuwider : „schuft verdammter", „heupferd verfluchtes" und so fort.
Das ist die thatsache, scheint mir wenigstens die thatsache
zu sein. Was aber verrät sie uns?

Wo es sitte ist, die attributiven adjektiva dem substantivum
vorausgehen zu lassen, wo man also etwa sagt „das schöne,
starke, grosse pferd", da ist man gezwungen, schon bei der
äusserung des wortes „schön" an das pferd als den träger der
durch das adjektivum bezeichneten eigenschaft zu denken. Wo
die umgekehrte wortfolge herrscht, da braucht man sich dagegen
bei der benennung des objekts noch gar nicht klar darüber zu
sein, ob man überhaupt adjektive hinzufügen soll oder nicht.
Mithin verlangt die sitte, das attribut dem substantivum voranzustellen, mehr vorbedacht vom sprecher als die entgegengesetzte
gewohnheit. Dies gilt nun aber auch für die hörer. Man wird
vielleicht einwenden, für diese sei es gleichgültig, ob das adjektivum vorangehe oder folge. Denn sie müssten sich des objektes
als des trägers der eigenschaften in jedem falle bewusst sein.
Das ist nun allerdings wahr. Aber die dem substantivum vor-
angestellten adjektiva sind schwerer zu verstehen als die ihm
folgenden. Wenn einer beginnt „das schöne...", so ist dies für
den hörer, der nicht wissen kann, ob das vieldeutige wort auf
ein mädchen, ein haus, ein pferd oder vielleicht auf das wetter
bezogen werden soll, ein lautkomplex, den er als ballast mit-
schloppt, bisdas aufklärende substantivum „pferd" erscheint.

— 66 —

Diese arbeit ist aber bei einer grösseren zahl von attributen keine geringe, wenn auch durch die aueinanderreihung mehrerer adjektiva die vieldeutigkeit jedes einzelneu mehr und mehr beschränkt wird. Wenn jemand sagt: „das schöne, grosse...". so weiss man allerdings schon beim zweiten objektivum, dass das erstgenannte nicht auf das wetter bezogen werden kann; aber selbst die dreifache zahl beseitigt die mehrdeutigkeit natürlich noch nicht genügend. Hört man „das schöne, grosse, starke, prächtige, teure, weisse...", so muss man sich noch immer auf eine überraschung gefasst machen; vielleicht folgt jetzt „pferd". vielleicht aber auch „haus", vielleicht auch „tischtuch", vielleicht auch noch etwas anderes. Wo dagegen das objekt zuerst bezeichnet wird, da kann natürlich kein langer zweifel darüber herrschen, in welchem sinne jedes einzelne attributive adjektivum gebraucht wird. Die vorstellung des objektes wird wort für wort deutlicher und klarer. Man mag die einzelnen adjektiva vergessen, sie haben ihre schuldigkeit gethan, haben die anschaulichkeit des objektes gefördert, und der hörer kann, ohne auf die mitteilung neuer merkmale warten zu müssen, mühelos in empfang nehmen, was ihm geboten wird.

Deutet also die voranstellung des attributiven adjektivums auf ein bedächtiges wesen, so wird man vermuten dürfen, dass diese gewohnheit unter den phlegmatikern die weiteste verbreitung gefunden hat. Und dies ist auch der fall. In den sprachen der völker, denen ich geringe reizbarkeit bei vorherrschen der vorstellungen zuschreibe, gilt die voranstellung des adjektivischen attributes — ebenso wie die des genitivus und objektskasus — unbedingt als regel, und wenn man von der poetischen redeweise absieht, dann ist wohl überhaupt keine ausnahme zu verzeichnen. Um jedoch ja nicht mehr zu behaupten, als man behaupten darf, führe ich die sprachen einzeln an, von denen ich es auf grund von grammatiken oder texten glaube annehmen zu dürfen. Es sind zunächst 12 sprachen von angehörigen der dravida-rasse, das santhal, mundari, sinhalesische, tamil, malayalam, telugu, kanaresische, tulu, kudagu, toda, oraon, brahui; sodann 16 uralische, nämlich das jurakische, tawgy, ostjak-samojedische, jenisseische, kamassinische, finnische (suomi), ehstnische, livische, läppische, ostjakische, wogulische,

magyarische, syrjänische, wotjakische, tscheremissische und mord-
winische; ferner 11 altaische, nämlich das jakutische, uigurische,
tschagataische, turkmenische, türkische (osmanische), mongolische,
kalmückische, burätische, tungusische, japanische und das mand-
schu; endlich 6 idiome, die von angehörigen der sogenannten
hyperborcer-rasse gesprochen werden, nämlich das jenissei-ost-
jakische, kottische, jukagirische, tschuktschische, aleutische und
die sprache der ainu.

Auf amerikanischem gebiete, dessen eingeborenen ich geringe
reizbarkeit und ein vorherrschen der gefühle zuschreibe, zeigt
sich nicht dieselbe einstimmigkeit hinsichtlich der stellung des
adjektivischen attributs. Von 41 sprachen, über die mir genügend zuverlässige angaben vorliegen, findet sich in 19 die
voraussstellung des adjektivs als regel, in 19 die nachstellung,
und in 3 ist beides ohne erkennbaren unterschied üblich. Die
19 stämme, die das adjektivische attribut in der regel voranstellen, sind die algonkin, kri, odschibwe, lenni-lennape, tschero-
kesen, mutsun, azteken, otomi, maja, kitsche, arowaken, die fest-
land-karaiben, junka (junga), peruaner, tschikitos, guaikuren,
molutsche, kolorados und feuerländer. Die 19 stämme, die das
nomen voranstellen, sind die eskimos, tschippewjan, mikmak,
irokesen, hidatsa, tschachta, timukua, köggaba, mischteken, moskito, goachira, kumanagota, bakairi, tschibtscha, guarani, tupi,
kiriri, lules, botokuden. Die freie stellung findet sich im tscha-
panekischen sowie in der sprache der tehuelhet und der der
insel-karaiben, obwohl letztere das adjektivum doch immerhin
mit vorliebe vorausschicken.

Wie ist es nun zu erklären, dass die nach allen angaben
höchst bedächtigen indianer nur zum teil die zu erwartende
wortstellung aufweisen?

Wenn es thatsachen sind, die sich hier gegenüber stehen,
dann drängen sie zu dem schluss, dass die voranstellung des
attributiven adjektivs zwar auf mehr vorbedacht deutet als die
nachstellung, dass ein bedächtiges wesen sich aber umgekehrt
nicht unbedingt in der voranstellung des attributiven adjektivs
äussern muss, sondern auch einen anderen ausdruck finden kann.
Die eingeborenen Amerikas sind von hause aus fast alle jäger.
Sie sind durch ihre lebensverhältnisse darin geschult worden,

bedächtig zu werke zu geben, die objekte ihrer thätigkeit nie
aus dem auge zu lassen; aber es ist mehr selbstbeherrschung
als beschaulichkeit, was sich bei ihnen herausgebildet hat. Das
aber, was die beschaulichkeit schafft, der zwang, die eigenart
der dinge unablässig prüfend zu betrachten, das muss es eben
sein, was auch die vorausstellung des attributiven adjektivs veranlasst. Es ist freilich nicht leicht zu entscheiden, wo ein derartiger zwang vorliegt, und wo es nicht der fall ist. Denn
dazu gehört ein einblick in das leben aller völker, wie er zum
teil noch gar nicht möglich ist. Es ist nicht nur die äusserste
not, die der beschaffenheit der dinge aufmerksamkeit schenken
lehrt; es kann auch geschehen, dass ein volk infolge altererbter
trägheit sich nicht dazu aufraffen kann, die welt nach eigenem
willen zu gestalten; es kann auch geschehen, dass gesteigerte
lebensbedürfnisse handel und gewerbe hervorrufen, und dass
man, um gewinnbringenden handel treiben zu können, auch in
gelobten ländern ewig auf der suche nach vorteilhaften eigenschaften sein muss.

So kann auch bei völkern von grosser reizbarkeit die voranstellung der attributiven adjektiva vorkommen, wenn auch
das umgekehrte als regel zu erwarten ist, da die leichtlebigkeit
sich naturgemäss meist nur dort findet, wo es möglich ist, von
der hand in den mund zu leben. Die abweichungen von der
zu erwartenden wortfolge sind denn auch thatsächlich vereinzelte
erscheinungen. Unter 79 sprachen oder dialekten von völkern,
denen ich grosse reizbarkeit und ein vorherrschen von vorstellungen zuschreibe, finden sich nur 3, in denen das attributive
adjektivum dem substantivum vorangeht, und zwar das nama-
hottentottische, das elik und das saho. Freiheit in der stellung
gestatten 4, das grebo, haussa, bedscha und ibo, wobei jedoch
zu bemerken ist, dass im letzgenannten idiom die nachstellung
entschieden bevorzugt wird. Also weisen 71 sprachen von 79
die vorausgesetzte wortfolge thatsächlich auf. Diese sind:

1) folgende bantu-sprachen: das xosa, zulu, karanga, tonga,
   nyanja, sagara, kami, sumbua, ganda, pokomo, majame,
   suaheli, shambala, boondei, zaramo, yao, niwera, herero,
   ndonga, mbuuda, fiote, lunda, tabwa, chwana, suto, gwamba,
   chwabo, tshagga, mpongwe, dualla, benga, kele und subu.

Ich mache Sie jedoch darauf aufmerksam, dass ich nur diejenigen bantusprachen anführe, von denen ich zuverlässige grammatiken oder texte in der hand gehabt habe. Einer an gewissheit grenzenden wahrscheinlichkeit nach verlangen jedoch *sämtliche* bantu-dialekte, d. h. rund 150, dieselbe wortfolge.

2) Die sprache der k'kham-buschmänner;

3) folgende negersprachen: das wolof, bullom, temne, efe, yoruba, tschwi, nupe, adele, basa, kru, vei, mandingo, susu, bambara, serechule, sonʒai, logone, wandalā, baghirmi, mâba (mobba), tedā, kanuri, serēr, muzuk, dinka, bari;

4) folgende sprachen von angehörigen der nuba-rasse: das fûlde, nubische, kunuma, barca, umale (tumale), oigob;

5) folgende hamitische sprachen: das ägyptische, koptische, tamascheq, galla, somali und bilin.

Ein wenig grösser, aber immer noch klein, ist die zahl der ausnahmen auf dem gebiete der sprachen, die von völkern mit cholerischem temperamente gesprochen werden, und zwar finden sich dieselben hauptsächlich unter den australischen idiomen, also in dem anerkanntermassen von der natur recht stiefmütterlich behandelten weltteile.

In den genügend bekannten polynesischen sprachen folgt das adjektivische attribut ausnahmslos seinem substantivum, nämlich im samoanischen, tongaischen, tahitischen, maori, hawaischen und marquesanischen. Unter den melanesischen sprachen findet sich nur eine einzige, in der das adjektivische attribut stets vorgestellt wird, nämlich die von Savo. In zweien, nämlich in der von Erromango und der der Gazellen-halbinsel wird vor- oder nachstellung anscheinend gleich häufig vorgenommen. Die andern — 27 an zahl — dulden nur die nachstellung, nämlich folgende: die sprache von Viti, Rotuma, Annatom, Tana, Maewo, Oba (Leper's Island), Arag (Aragh, Whitsuntide, Pentecost Island), Espiritu Santo, Ambrym, Sesake, Vate (Fate, Efat, Sandwich Island), Mota (Sugarloaf Island), Saddle Island (und zwar die dialekte von Pak, Leon, Sasar, Vuras, Mosin, Alo Teqel), Merlav (Star Island), Santa Maria (und zwar die dialekte von Gog und Lakon), Norbarbar (Ureparapara, Bligh Island), Lo, Deni (Santa Cruz), Nifilole (Nufilole), San Cristoval (Bauro),

Ulaua (Contrariétés-insel), Malanta (Mara), Guadalcanar (Gera, Gela), Florida (Anudha), Ysabel (und zwar die dialekte von Mahaga und Bugotu) und die von Neu-Lauenburg (Duke of York Island). Auf australischem gebiete ist — wie schon angedeutet — die nachstellung des adjektivischen attributes nicht so häufig. Sie herrscht in der dippil- und wiradhuri-sprache, sowie in der von Westaustralien. Im turrubul, minyung, in der sprache von Encounter Bay und Lake Macquerie dagegen ist die umgekehrte wortfolge die regel, und in zweien ist sie eine beliebige, nämlich in der Kamilaroi-sprache und der von Adelaide. In den malayischen idiomen ist die wortstellung meist eine ziemlich freie. Im tagalischen, bisayischen, pampangischen, formosanischen und im malagasi kann das adjektivische attribut dem substantivum vorangehen oder folgen, im malayischen (im engeren sinne), javanischen und dayakischen dagegen steht es immer nach.

Unter den völkern von mittlerer reizbarkeit und vorherrschenden vorstellungsverlauf sind die bedachtsamen, handelsbeflissenen chinesen wohl die einzigen, die das attributive adjektivum dem nomen ausnahmslos vorausgehen lassen. Die barmanen und khassia wenden beide arten der wortfolge an; die tibeter, siamesen, mon, kambodjaner und annamiten lassen das adjektivum dem substantivum immer folgen.

Im semitischen herrscht ziemlich grosse freiheit hinsichtlich der wortstellung; im allgemeinen zeigt sich aber doch eine unverkennbare neigung, das adjektivische attribut dem substantivum folgen zu lassen. Dies gilt entschieden für das babylonisch-assyrische, syrische, hebräische, biblisch-aramäische, arabische und maltesische, vielleicht auch für das äthiopische. Im tigrē wird das adjektivische attribut bald vor-, bald nachgestellt, wobei jedoch ersteres wohl als das häufiger vorkommende anzusehen ist. Im amharischen endlich geht das adjektivische attribut regelrecht dem nomen voraus.

Auf dem gebiete der kaukasischen sprachen ist dem charakter und der natur des landes entsprechend die voranstellung des adjektivischen attributs die regel. Im čerkessischen und abchasischen pflegt allerdings das nomen voranzugehen, und im kürinischen, rutulischen und awarischen scheint beides ziemlich gleich häufig vorzukommen. In allen anderen kaukasischen sprachen oder dialekten, über die hinreichend zuverlässige nachrichten vorliegen, geht jedoch das attributive adjektivum seinem substantivum immer oder doch meist voraus. Diese idiome sind: das cachurische, agulische, tabassaranische, arcinische, udische, džekische, buduchische, chinalugische, surchinische, kara-kajtachische, der kubači- und akuša-dialekt, das chürkilinische (hyrkanische), madžalis-kajtachische, lakische (kazikumykische), audische, die dido- und chwarši-sprache, das kapucinische, čecenische, gruzinische, imerische, der ingiloi-dialekt, das chevsurische, - mingrelische, lazische und svanethische.

Im baskischen, das ich hinsichtlich des in ihm zum ausdruck kommenden grades des reizbarkeit mit den kaukasischen sprachen zu einer klasse vereinigt habe, wird das attributive adjektivum dem substantivum nachgestellt.

Im indogermanischen endlich herrscht, von einzelnen ausnahmen abgesehen, ziemlich grosse freiheit, wenn auch heute nicht mehr in dem masse wie in alten zeiten. In der mehrzahl der zu dieser gruppe zu rechnenden sprachen lässt sich jedoch die voranstellung des adjektivischen attributs — die nach ausweis der komposita aus ältester zeit stammt — wenigstens als regel für die ruhige alltagsprosa bezeichnen, so im altindischen, den neuindischen idiomen wie sindhi, hindi, panjabi, gujerati, marathi, oriya und bengali. im afghanischen, neu-armenischen, griechischen, lateinischen, litauischen, slavischen und germanischen.

Es verdient hervorgehoben zu werden, dass die im neuarmenischen ziemlich streng durchgeführte voranstellung des adjektivischen attributs in der älteren sprache kaum häufiger war als die nachstellung, dass aber auch auf indischem, slavischem und germanischem gebiete die ursprünglich nur beliebte und bevorzugte wortstellung die entgegengesetzte mehr und mehr verdrängt. Letztere, schon im älteren iranischen, dem altmedischen und altpersischen beliebt, wird im kurdischen und neupersischen zu einer fast allein herrschenden. Die sprachen der kelten, der sorglosesten und erregbarsten unter allen indogermanen, d. h. das irische, gälische, kymrische, kornische und bretonische, lassen das attribut stets dem substantivum folgen, und im romanischen zeigt sich mindestens eine grosse vorliebe für diese wortstellung, so lange es sich um verstandesmässiges unterscheiden ohne starken affekt handelt. Es lohnte sich wohl, jede einzelne kleinere sprachgruppe auf die geringfügigen, vielfach sich vor unseren augen herausbildenden verschiedenheiten hin zu prüfen. So ist es wohl etwas mehr als zufall, dass die wenigst bedächtigen unter den slaven, die polen, auch die voranstellung des attributs am wenigsten konsequent durchführen, ja die wortfolge der erregbaren völker zu bevorzugen scheinen. Ich glaube in der that, ein kurzer gruss wie *dzień dobry* mit vorausgehendem substantiv sagt dem, der da weiss, dass die slovenen *dober dan*, die serben *d'òbar dān* und die bulgaren *dobər den* gebrauchen, etwas mehr als nur „guten tag".

Doch ein eingehn auf derartige einzelheiten ist leider nicht möglich. Nur auf eins muss ich noch aufmerksam machen, obwohl es sich vielleicht jeder selbst sagen kann und sagt: wenn irgend eine wortstellung traditionell wird, dann wird die von ihr abweichende ein ausdruck der emphase und, da alles nachdrückliche reden gefühl oder gar affekt verrät, ein ausdruck des gefühlvorwaltens. So dient im romanischem das dem substantivum vorausgehende adjektivum nicht wie das nachgestellte dazu, ein dem verstand erwünschtes unterscheidendes merkmal festzustellen, sondern eine affekt erregende eigenschaft hervorzuheben. So ist *un savant homme* ein mann, dessen gelehrsamkeit man anstaunen möchte, *un homme savant* dagegen ein zum gelehrtenstande zu rechnendes individuum. So heisst es zwar *un habit bleu*; aber wenn man nicht von einem anzug redet, sondern vom himmel, den man mit entzücken betrachtet, dann sagt man *le bleu ciel*. „Schwarzes tuch" heisst *du drap noir*, aber „ein schwarzer undank" lässt sich nicht so kaltblütig besprechen, dass man das adjektivum folgen lassen könnte; es muss heissen: *une noire ingratitude*. So erklärt es sich auch, dass adjektiva, die meist dem substantivum folgen, vorangehn, wenn man schon weiss, dass dem objekte die durch das adjektivum bezeichnete eigenschaft zukommt.

Im germanischen nun, wo das attributive adjektivum dem substantivum der regel nach vorausgeht, dient natürlich die nachstellung zum ausdruck eines gesteigerten gefühls. Jeder germane fühlt ja auch, dass „ein röslein rot" etwas anderes für ihn ist als „ein rotes röslein".

Fragen wir uns nun noch einmal : was verrät die thatsache, dass
wir deutsche das adjektivum dem substantivum häufiger folgen
lassen. als die andern germanen es thun? Einmal weist sie auf
ein geringeres mass von vorbedacht als das unsern stammver-
verwandten zuzuerkennende, und sodann deutet es auch noch auf
ein vorherrschen des gefühls, was beides mit den bisherigen
ergebnissen meiner untersuchung in einklang steht.

Eine bestätigung bietet auch noch die eigentümlichkeit des
deutschen, das verbum zuweilen dem subjekte voranzustellen. Man
darf wohl annehmen, dass die wortfolge verbum — subjekt nur
bei solchen völkern zur alleinherrschaft gelangen kann, die ihrem
handeln nicht allzuviel erwägung vorausgehn lassen. Ein derartiges dem ruhigen urteilen widerstrebendes herausplatzen ist
ja auch eine unüberlegte handlung und zwar eine, die wegen
der häufigkeit des vorkommens zum gefährlichen vorbilde wird.
Diese wortstellung findet sich denn auch bei den völkern, denen
ich ein vorherrschen von vorstellungen zuschreibe, nur als eine
ganz seltene erscheinung, und zwar als ausnahme im magyarischen und als regel im ägyptischen und koptischen. Verhältnismässig häufig dagegen lässt sie sich bei den völkern
nachweisen, für die ein vorwalten der gefühle anzunehmen ist,
und am häufigsten natürlich da, wo dieses mit grosser erregbarkeit verbunden ist.

Im polynesischen, also im samoanischen, tongaischen, tahitischen, maori, hawaischen und marquesanischen, gilt die
stellung verb — subjekt — objekt unbedingt als die normale. Abgesehn vom samoanischen und tongaischen scheint auf diesem
gebiete eine andre überhaupt nicht vorzukommen. Im melanesischen ist sie nicht ganz so häufig, immerhin aber nicht
selten. Sie findet sich, zum teil neben einer andern wortfolge,
auf Annatom (Aneiteum, Aneityum), Viti, San Cristoval (Bauro),
Guadalcanar (Gera, Gela), Florida (Anudha), Ysabel, Savo und
auf der Gazellen-halbinsel.

In Australien und Amerika kommt sie nur selten vor, so
in der Sprache vom Lake Macquerie, im tšapanekischen und
auch sonst noch als ausnahme. Bei den semiten dagegen ist
die voranstellung des verbs wieder sehr beliebt oder doch sehr
beliebt gewesen. Denn am häufigsten ist sie in den älteren

sprachen nachzuweisen, wie im babylonisch-assyrischen, hebräischen, biblisch-aramäischen, altarabischen und äthiopischen.
Im indogermanischen scheint ursprünglich volle freiheit ge-
herrscht zu haben. Die voranstellung des nominalen subjekts
ist jedoch im laufe der zeit fast überall zur regel geworden.
Nur im keltischen eröffnet das verbum stets den satz. Diese
wortfolge war im älteren germanischen höchstwahrscheinlich
auch noch die bevorzugte. Die stärke unserer leidenschaft hat
aber offenbar abgenommen. Denn heute ist's bekanntlich anders.
Aber auch im einfachen aussagesatze, auf dessen betrachtung ich
mich beschränke, kommt selbst ohne vorausgehendes adverb die
eröffnung des satzes durch das verbum noch vor. Sobald die
rede leidenschaftlich wird, drängt sich das aussagewort vor, bis
an die spitze. Während ein ruhiger erzähler etwa sagt: „der
herr kam auf mich zu und sagte...", heisst's beim erregten:
„kam der mensch auf mich zu und sagte...".
Wie weit wir in der häufigkeit derartiger wendungen die
andern germanen übertreffen, weiss ich nicht, aber dass wir es
thun, glaube ich behaupten zu dürfen, und wenn es sich auch
nur um gelegentliche erscheinungen handelt, so bleiben sie doch
immerhin bemerkenswerte kennzeichen.
In engem zusammenhang mit der wortfolge steht eine in
hohem grade charakteristische verschiedenheit in der art der
satzverbindung. Völker, die bedächtig alles einen satzteil näher
bestimmende diesem vorausschicken, also auch die attribute
unterordnend voranstellen, werden aller erwartung nach nicht
anders verfahren, wenn es ihnen darum zu thun ist, den ganzen
satz nun wieder einem grösseren ganzen als teil einzufügen.
Partizipiale und gerundiale konstruktionen sowie die verwandlung
von nebensätzen in komposita werden eine grosse rolle spielen.
Diejenigen völker dagegen, die das bestimmende appositions-
artig folgen lassen, die gewissermassen dasselbe objekt unter
immer neuer einseitiger beleuchtung zeigen, der eingebung des
augenblicks nachgebend, die werden auch ihre — stets kurzen —
sätze ebenso lose aneinanderreihen, vielleicht durch ein immer
wiederkehrendes „und" verbinden, aber nie verraten, was die
hauptsache, was die nebensache ist. Und sie können dies nicht
thun, weil ihnen das im augenblick vorschwebende immer das

wichtigste ist und daher alles, weil eben jeder augenblick gleiche rechte hat, auch gleich viel gilt.

Nicht um zu beweisen — dazu fehlt mir hier vor allom die zeit —, sondern nur um der veranschaulichung willen führe ich Ihnen zwei probeleistungen vor, die zur kennzeichnung der extreme geeignet scheinen.

Ich beginne mit der mitteilung eines türkischen schwankes, dessen held Nasr-ed-din, eine unserm Eulenspiegel entsprechende persönlichkeit ist. Die kleine erzählung lautet:

hoǵa Nasr-ed-din bir gün bir yrmaq-kenár-
meister Nasr-ed-din ein(es) tag(es) ein(em) fluss-ufer-
yn-a var-yp otur-ur-iken on dane a'ma
sein(em)-zu gegangen-seiend setz-end-seiend zehn stück blind(e)
gel-ir-ler ve hoǵa-ile yrmaq-dan bir-er bir-er
komm-ende und meister-mit fluss-über ein(en)-je ein(en)je
geč-ir-il-me-sin-e bir-er půl-a
hinübergehn-gemacht-werden-nicht-seinem-zu einem-je pfennig-zu
qavl u qarár ed-er-ler. hoǵa bun-lar-y bir-er
wort und versicherung mach-end-e. meister dies-e-da ein(en)-je
bir-er geč-ir-ir iken bir-ini yrmaq-su-ju
ein(en)-je hinübergehn-machend seiend ein-en fluss-wasscr-da
ṭoparlaj-yp gölür-ür; a'ma-lar ferjada bašla-r-lar
mitgerissen-habend forttrag-end; blind-e geschrei-zu beginn-end-e
hoǵa nicin ferjad ed-er-siniz? ha bir půl
meister warum geschrei mach-end-ihr? nun ein(en) pfennig
eksik wer-in de-miš.
weniger geb-et sag-te.

Dies ist etwa folgendermassen wiederzugeben: „Der meister Nasr-ed-din ging eines tages an das ufer eines flusses und setzte sich dort nieder. Da kamen zehn blinde und machten mit dem meister aus, er sollte sie, einen nach dem andern, für je einen pfennig über den fluss bringen. Als nun der meister sie einen nach dem andern hinüberbrachte, erfasste einen von ihnen das wasser des flusses und riss ihn mit sich fort. Da fingen die blinden an zu schreien. Was schreit ihr? sagte der meister darauf, gebt mir eben einen pfennig weniger.“

Vergleichen Sie nun mit dieser kleinen türkischen erzählung voll schwerfälliger bedachtsamkeit im reden folgenden

kurzen bericht der tonga über eine ehrfurchtsvoll angestaunte
schwimmübung Livingstones:

Ba-tonga   ba-ti   Leza u-kede   'u   ma-nzi mu
Die tonga sie-sagen gott er-leben in[nenseite] wasser bei
Siongo.   Munari   mu-nkua, mu-njilisimane   u-a-
Viktoria-fälle. Livingstone, weisser,   engländer,   er-gehn-
ka   ya   ku-li   ng-ue,   u-a-njila   mu-
fortgehn gehn platz-sich befinden ist-er, er-gehn-gehn innenseite-
a-kale   u-a-ka   zua.   U-a-ti   nd-ime
von-ende er-gehn-fortgehn herauskommen. Er-gehn-sagen ist-ich
muana   a Leza   ndi-la   njila aua.   bo   ba-a-ti,
kind   von gott ich-können gehn hier. Sie, sie-gehn-sagen,
pe   t-insi   u-la   njila   u-la   fua.   Ue u-a-
nein nicht-sein du-können gehn du-werden sterben. Er er-gehn-
ti,   pe   t-insi   ndi-la   fua.   m-pauo   u-a-
sagen, nein, nicht-sein ich-werden sterben. Es ist-dann er-gehn-
njila,   u-a-yala   a bu-enga pa   u-ka-
eintreten er-gehn-strecken nähe ufer   nähe es(= das wasser)-gehn-
selelela,   u-a-njila   u-ma-nzi,   u-a-zua.
hinabrauschen, er-gehn-eintreten innenseite-wasser, er-gehn-
[herauskommen.

In erträgliches deutsch übertragen, würde diese geschichte
etwa so lauten:

„Die tonga behaupten, gott lebe im wasser in der nähe
der Viktoria-fälle. Ein europäer, der engländer Livingstone, ist
einst zu ihm gelangt. Denn er ist bis auf den grund des wassers
gegangen und dann wieder emporgestiegen. Als er behauptete,
er sei ein christ, ein kind des wahren gottes, und daher im
stande, ohne gefahr für sein leben in das wasser zu gehn, er-
klärte man ihm, er könne das nicht thun, werde vielmehr darin
umkommen. Darauf erwiderte er: 'Nein, ich werde nicht sterben',
und nachdem er dann das ufer entlang bis zum wasserfall hin-
aufgegangen war, tauchte er unter und kam nach kurzer zeit
wieder herauf."

Diese beiden arten der satzverbindung, die unterordnende
und anreihende, lassen sich auch auf dem indogermanischen
gebiete nachweisen. Aber die verschiedenheit ist natürlich eine
geringere.

Ich muss mich wieder mit zwei beispielen begnügen. Das erste, das ich anführen werde, ist der indischen litteratur entnommen, und zwar dem *Hitopadescha*, einer sammlung von fabeln und fabelartigen kleinen erzählungen. Das zweite entstammt der irischen litteratur, und zwar einer geschichte, die den titel *Tōruigheacht Dhiarmuda agus Ghrainne* trägt, d. h. „Die verfolgung des Diarmuid und Grainne".

Mein erstes beispiel lautet:

asti gautamāranyē mahātapa nama muniḥ. tēnāś-
ist   gautama-wald-in Mahātapaḥ name(ns) einsiedler.

ramasaṅnidhānē (aus: *tēna-aśrama-saṅ-nidhānē*) *mūṣika-śāvakaḥ*
durch den klausen-nähe-in   maus-junges

kaka-mukhād-bhraṣṭō   dṛṣṭaḥ tatō   dayālunā
krähen-schnabel-aus gefallenes gesehenes da durch mitleidigen

tēna   munina   nīvāra-kaṇaiḥ sa saṁvardhitaḥ taṁ   ca
den einsiedler reis-körnern-mit es aufgefüttertes. die (akk.) und

mūṣikaṁ khāditum - anudhāvan - biḍālō   munina
maus   fressen-nachlaufen-katze   durch den einsiedler

dṛṣṭaḥ paścāt tapaḥ prabhavat tēna   munina   mūṣikō
gesehene dann   busse kraft aus durch den einsiedler die maus

baliṣṭō biḍalaḥ   kṛtaḥ.   sa biḍalaḥ   kukkurād   bibhēti.
stärkste katze gemachte. die katze vor einem hund erbebt.

tatō 'sau kukkuraḥ   kṛtaḥ.   kukkurasya vyāgrān mahad
da   sie   hund   gemachte. des hundes vor tiger grosse

bhayam.   tad-antarāni   sa vyāghraḥ   kṛtaḥ   atha
furcht.   das-ohne zwischenraum der ein tiger gemachter. doch

vyāghram api taṁ   mūṣika-nirviśeṣaṁ   paśyati   muniḥ.
tiger   den maus-nicht verschiedenen betrachtet der einsiedler

ataḥ   sarvē   tatra-sthā   janās taṁ vyāghraṁ dṛṣṭvā
von da alle   dort befindlichen leute den   tiger sehend

vadanti anēna   munina   mūṣikō 'yaṁ   vyāghratāṁ
sagen durch diesen einsiedler die maus diese zur tigerschaft

nītaḥ   etaccrutva sa vyāghraḥ   sarvathō 'cintayat. yāvad
geführte. dies hörend der tiger bekümmert dachte solange

anēna   munina   jīvitavyaṁ   tāvad idaṁ mama
durch diesen einsiedler zu leben seiend solange diese meine

svarūpākhyānaṁ   akīrtikaraṁ   na   palāyiṣyate.
herkunft - erzählung unehre - machende nicht wird aufhören.

iti samālōčya   munim   hantum   samudyataḥ.   tatō
so betrachtend den einsiedler   töten   herangegangen.   darauf
  munina   tasya čikīrṣitam jñātva   punar mūšikō
durch den einsiedler dessen   absicht   kennend wieder maus
bhavetyuktva (aus: *bhava iti uktva) mūšika čva   kṛtaḥ.*
          sei so sprechend maus eben gemacht.

Dies wäre etwa folgendermassen wiederzugeben: „Im büsser-
walde Gautamas lebte ein einsiedler namens Makātapaḥ (d. h.
„strenge busse übender"). Dieser fand in der nähe seiner klause
ein mäuschen, das einer krähe aus dem schnabel gefallen war.
Der mitleidige einsiedler fütterte es mit reiskörnern auf. Einst
sah da der einsiedler eine katze, die das mäuschen verfolgte, um
es zu fressen, und da verwandelte er es kraft seiner durch die
busse erworbenen macht in eine katze. Diese katze aber geriet
vor einem hunde in furcht, und so verwandelte er sie in einen
hund. Diesem hunde flösste ein tiger grosse furcht ein, und
sofort wurde er vom einsiedler auch in einen tiger verwandelt.
Doch der einsiedler betrachtete den tiger immer so, als wenn
er noch ein mäuschen wäre. Und alle besucher, die den tiger
sahn, sagten: das ist das mäuschen, das durch diesen einsiedler
in einen tiger verwandelt worden ist. Der tiger, der dies hörte,
dachte: so lange dieser einsiedler lebt, wird man nicht aufhören,
sich von meiner unehrenvollen herkunft zu erzählen. Mit diesem
gedanken ging er auf den einsiedler zu, um ihn zu töten. Der
einsiedler aber, der seine absicht durchschaute, sagte: sei eine
maus! und verwandelte ihn so wieder in eine solche."

Das zweite beispiel, das ich mir anzuführen vorgenommen
habe, ist folgendes:

Ro-éirigh Diarmuid go moch agus ro-chuir Gráinne i
erhob sich Diarmuid   früh   und   setzte Grainne in
n-a suidhe, agus adubhairt ria   faire do dheunamh ar
ihr sitzen, und   sprach mit ihr wache zu machen auf
  son   Mhuadháin, agus   go   rachfadh   féin
angelegenheit Muadhāns,   und   dass   er   würde   gehn selbst
do   shiubhal   na tīre i   n-a thimchioll.
zum durch-wandern des landes in seinem umkreis.

Das heisst: „Diarmuid erhob sich früh und weckte auch
Grainne auf. Dann befahl er ihr für Muadhān zu wachen, da er
selbst sich in der umgebung umsehn wolle."

Nach dieser langen einleitung werden Sie nun selbst jene kleinen differenzen zu würdigen verstehen, die sich auf germanischem boden hinsichtlich des gebrauchs der gerundiven und partizipalen konstruktionen feststellen lassen.

Betrachten Sie folgendes beispiel aus dem niederländischen: *Zich nauwelijks een jaar op de letterkunde toegelegt hebbende, had hij een werk gereed.* „Nach einjähriger beschäftigung mit der litteratur hatte er ein werk fertig."

Dass diese ausdrucksweise mehr an die der türken als an die der tonga erinnert, ist klar. Nun ist sie nächst dem niederländischen wohl dem englischen am meisten vertraut, im nordischen weniger beliebt und im deutschen noch seltener.

Auch hierin verrät sich also wieder bei unsern stammesgenossen ein wenig von dem phlegma, auf das ich schon wiederholt habe hinweisen müssen.

Dass nicht alle zwischen den einzelnen vorstellungen einerseits sowie zwischen diesen und dem vorstellenden andrerseits denkbaren beziehungen von jedem volke erfasst werden, und dass die art des ausdrucks je nach der geistigen eigenart eine besondere sein muss, das bedarf nach allem, was ich bisher besprochen habe, wohl keines beweises mehr. Doch nicht die *zahl* der im deutschen bezeichneten beziehungen ist es, die unsere muttersprache von ihren nächsten stammverwandten, sie vor ihnen auszeichnend, unterscheidet; ihr vorzug beruht vielmehr auf der *kraft*, mit der die von allen germanen erfassten rein grammatischen verhältnisse hervorgehoben werden, und in erster linie auf der stark ausgeprägten subjektivität des verbs.

Es mag manchem schwer fallen, sich ein verbum, das nicht subjektiv wäre, überhaupt nur vorzustellen, und es mag ihm demgemäss auch schwer fallen, die bedeutung des graduellen unterschieds in der subjektivität vollauf zu würdigen. Es kann deshalb nicht nachdrücklich genug hervorgehoben werden, dass ein wahrhaft subjektives verbum, ein thätigkeitsausdruck mit innig verschmolzener subjektsandeutung, eine ganz ausserordentlich seltene erscheinung ist. Bei der kürze der mir zur verfügung stehenden zeit ist es unmöglich, die geradezu überwältigende fülle verbaler gestaltungen auch nur andeutungsweise zu veranschaulichen. Aber ein paar beispiele kann ich herausgreifen, muss ich herausgreifen, um den weg zum verständnis zu bahnen. Im hottentotischen haben die unseren verben entsprechenden ausdrücke dieselben endungen wie diejenigen, die wir durch substantiva übersetzen müssen: *mūs* heisst „das auge" und „sie sieht", *mūgu* „die augen" und „sie (beide) sehn"; *táob* heisst „scham" und „er schämt sich", *khóms* „die rede" und „sie redet“, *goáb* „der ruhm“ und „er rühmt“, *gáos* „die herrschaft“ und „er herrscht“. Ein unterschied zwischen nomen und verbum existirt in dieser sprache also überhaupt nicht, und wenn das, was unserem verbum entspricht, auch eine andeutung des subjekts bieten sollte, so ist es doch auf jeden fall kein reiner thätigkeitsausdruck. Im altägyptischen sind die verbalendungen deutlich erkennbare possessivsuffixe; ebenso wie man sagte *per-a* „mein haus“, *per-k* „dein haus“, *per-f* „sein haus“, sagte man auch: *meh-a* „ich fülle“, *meh-k* „du füllst“, *meh-f* „er füllt“, eigentlich also: „mein füllen“, „dein füllen“, „sein füllen“. Das, was das ägyptische verb ausdrückt, ist also nicht sowohl die that irgend eines thäters als ein zum besitz irgend einer person gehöriger vorgang.

Das awarische verbum, das, wie Sie Sich erinnern werden, nicht nur verschiedene zeitstufen, sondern auch das geschlecht des nomens zum ausdruck bringt, auf das es bezogen wird, ermangelt andrerseits jeder bezeichnung der person. Deren nähere bestimmung erfolgt, gerade wie im dänischen, nur durch das mit dem verbum verbundene pronomen bezw. nomen. Es heisst:

dun untun v-ugo „ich bin krank“ wie dänisch:	*jeg er syg*
mun untun v-ugo „du bist krank“	*du er syg*
do-v untun v-ugo „er ist krank“	*han er syg*
(wörtl.: „ich krank sein“ u. s. w.)	

Das ideelle subjekt des verbums steht jedoch nur bei intransitiven im nominativ (bezw. der stammform). Bei transitiven dagegen muss es im instrumentalis oder, bei ausdrücken für eine geistige thätigkeit, im lokativ stehn. Man sagt demnach zwar : *ebél dun-gun a-na šahar-al-de* „die mutter ging mit mir in die stadt“, wörtlich „mutter mir-mit gehn-gewesenes stadt-zu-in“, *dun tklež-ila* „ich werde schlafen“, wörtlich „ich (oder „mich“; nominativ und akkusativ werden nicht unterschieden) schlaf zukünftig“; aber *di-tsa b-os-ila tšu* „ich werde ein pferd kaufen“, wörtlich „mich-durch es-kauf-zukünftig pferd“; *di-da bix-ula tšu* „ich sehe ein pferd“, wörtlich „mir-in es-sehn-gegenwärtiges pferd“. Also auch hier wird nicht die thätigkeit eines subjekts geschildert. Der vorgang wird vielmehr aufgefasst, als wäre er ein ding, und dann wird angegeben, woher dieses stammt oder wohin es gehört.

6

Ohne nun leugnen zu wollen, dass sich aus derartigen ausdrucksweisen ein verbum herausbilden kann, wie das semitische
und indogermanische, und ohne dies auch nur für unwahrscheinlich zu erklären, darf ich doch auf den thatsächlich vorhandenen
ungeheueren unterschied aufmerksam machen. Es wird jedem
ohne weiteres einleuchten, dass nur ein prädikatives verb wie
trage, trägst, trägt die beiden wichtigsten rein grammatischen,
d. h. nur sprachliche beziehungen angebenden kasus nominativ
und akkusativ ermöglicht. Ohne diese wird es aber nicht ge-
schehn, dass jeder teil des satzes in seiner beziehung zum ganzen
aufgefasst wird, dass jedes wort zum einheitlichen kunstwerk
wird, das, wie die vollendete statue innerhalb einer gruppe,
doch das ganze voraussetzt. Eine sprache mag über eine zahl
von etwa vierzig kasusformen verfügen, ohne ein derartiges kunstwerk schaffen zu können, wenn nämlich ein subjekts- und ein
objektskasus fehlt. So steht es auch thatsächlich mit dem awarischen, das trotz seiner fülle von kasusformen keinen satz gestattet wie den lateinischen *Scipio Carthaginem delevit* „Scipio
hat Carthago zerstört". Dass es aber für die schulung des
denkens von ausserordentlicher bedeutung ist, sich bei jedem
worte dessen beziehung zu der gesamtheit des satzes zu vergegenwärtigen, ist klar, und die geschichte zeigt uns auch, dass
nur den am weitesten fortgeschrittenen völkern ein solcher sprachbau eigen ist.

Es ist natürlich nicht nötig, dass ein subjektives verb personenzeichen trägt — das jeder endung bare chinesische mit
seinem ausgebildeten satzbau würde allein schon genügen, eine
solche auffassung als irrtümlich zu erweisen — aber wo der
sinn für subjektivität *stark* entwickelt ist, da wird sich auch
ein über das erforderliche hinausgehender drang zu einer subjektsandeutung einstellen.

Wenn nun auch ein deutlich ausgeprägter subjektskasus —
um mich auf den allerwichtigsten der wichtigen zu beschränken
— nicht ohne ein subjektives verb entsteht, so ist er deshalb
doch noch nicht seine notwendige folge. Die erfahrung belehrt
uns darüber, dass ein subjektskasus noch seltener ist als ein
subjektives verb, und eine betrachtung des mutmasslichen ursprungs beider lässt dies auch sehr begreiflich erscheinen.
Da der mensch jede art von realität nur nach dem vorbilde

des eigenen lebens zu deuten vermag, so muss die stärke der
dem verbum als dem realitätsausdrucke eigenen subjektivität
der stärke des ichgefühls, der ausdehnung des selbstbewusstseins
entsprechen. Je mehr sein handeln dem eigenen willen entspringt, desto kräftiger muss sich das bewusstsein eigener energie
entwickeln, da die schätzung jeder einem subjekte innewohnenden
kraft durch das mass der kraftentfaltung bestimmt wird. Wenn
aber nicht nur die thätigkeit durch den eigenen willen bestimmt
wird, sondern das selbstgewollte handeln auch das leben merk-
lich beeinflusst, so dass man wirkungen wahrnehmen muss, dann
wird die frage nach der ursache, dem sitze der energie, geweckt
werden, und sprachlich wird sich ein vom verbum unabhängiger
subjektsausdruck, ein nominativus, ausbilden. Ein subjektives
verb deutet also nur auf die beeinflussung des handelns durch
den eigenen willen, ein subjektskasus dagegen ausserdem noch
darauf, dass die lebensverhältnisse in ausgedehntem masse nach
eigenem willen gestaltet werden. Wo also etwa das einem volke
durch das schicksal zugefallene land der beeinflussung des lebens
zu grosse hindernisse entgegenstellt, da wird auch die sprache
einer willenskräftigen nation, die das bewusstsein ihrer energie
durch ein subjektives verb verrät, doch nur schwache oder gar
keine nominativbezeichnung aufweisen. Es ist denn auch wohl
kein zufall, dass der subjektskasus in den semitischen sprachen
weit schwächer entwickelt ist als in den indogermanischen, und
dass er auf semitischem boden im arabischen den deutlichsten
ausdruck gefunden hat.

Nach dieser langen einleitung darf ich nun wohl dazu über-
geben, die auf germanischen gebiete feststellbaren unterschiede
in der ausprägung der subjektivität darzulegen und so gut wie
möglich zu deuten. Fälle, in denen es überhaupt unmöglich ist,
die person am verbum zu erkennen, sind äusserst selten. Immerhin kommt es vor. Das dänische *det er mig* „das bin ich“
(wörtlich „mich“) verrät uns nicht, ob *er* erste oder dritte person
ist, ob es hinsichtlich der verbalform dem deutschen *das bin
ich* oder dem englischen *it is me, it is I* entspricht. Im allgemeinen wird jedoch die person durch das fast immer mit dem
verbum verbundene persönliche pronomen soweit gekennzeichnet,
wie ein nur auf deutlichkeit zielendes streben es verlangt. Soviel geschieht im dänischen und norwegischen, aber auch nicht

6*

mehr. Eine die person anzeigende endung existirt überhaupt nicht mehr. Im schwedischen gibt es wenigstens eine solche für die zweite person der mehrzahl, jedoch nur in der schriftsprache. Die umgangssprache kennt nur eine form für alle personen. Das präsens von *kulla* „rufen" beispielsweise lautet den regeln der grammatik zufolge:

jag kullar,   du kallar,   han kallar;
vi kalla,   I kallen,   de kulla.

Dem herrschenden gebrauch gemäss heisst es jedoch:

jag kullar,   du kallar,   han kallar;
vi kallar,   ni kallar,   de kallar.

Etwas nachdrücklicher wird das personalelement in der sonst so formenarmen englischen sprache betont. Nur eine kleine zahl von freilich oft gebrauckten hülfsverben ist ohne jedes personenzeichen: *he can* „er kann" (*he could* „er konnte, könnte"), *he shall* „er soll" (*he should* „er sollte"), *he will* „er will" (*he would* „er wollte"), *he may* „er mag, darf, kann" (*he might* „er mochte, möchte"), *he must* „er muss", „er musste", *he dare* „er wagt" (*he durst* „er wagte"), *he ought* „er sollte", *he need* „er braucht". Alle andern haben eine personenbezeichnung für die dritte person der einzahl im indikativ des präsens, bis auf eins, das verbum *to be* „sein", das in der einzahl für jede person eine besondere form hat und wegen der häufigkeit des vorkommens wohl geeignet ist, den sinn für die subjektivität des verbs wachzuhalten. Noch etwas mehr geschieht im niederländischen. Bei den viel angewandten hülfsverben „sein" und „haben" wird abgesehen von der unterscheidung von drei personen im singularis indicativi praesentis auch im pluralis wenigstens die zweite besonders hervorgehoben. Es heisst: *ik ben, gij zijt, hij is, we zijn, gij zijt, zij zijn, ik heb, gij hebt, hij heeft, wij hebben, gij hebt. zij hebben.* Bei allen andern verben wird im singularis indicativi praesentis die erste person von der dritten und der mit dieser gleichlautenden, aus dem pluralis entlehnten zweiten unterschieden, sonst überall wenigstens die zweite person eigens gekennzeichnet. Es heisst: *ik bemin* „ich liebe", *gij bemint* „du liebst", *hij bemint* „er liebt", *wij beminnen* „wir lieben", *gij bemint* „ihr liebt", *zij beminnen* „sie lieben"; *ik beminde*

„ich liebte", *gij bemindet* „du liebtest". *hij beminde* „er liebte", *wij beminden* „wir liebten". *gij bemindet* „ihr liebtet", *zij beminden* „sie liebten". Im deutschen endlich ist die personenbezeichnung eine noch deutlichere. Nicht nur einige hülfsverben, sondern sämtliche zeitwörter weisen für den singularis indicativi praesentis drei formen und sonst zwei auf.

Hinsichtlich der nominativbezeichnung lässt sich eine entsprechende abstufung nachweisen. Ich schicke voraus, dass ich nur vom nominativus im sinne eines subjektskasus rede, daher den ersatz durch einen akkusativ beim prädikatswort nicht berücksichtigen darf, also auch nicht verbindungen wie das dänische *det er mig*, das englische *it is me* „das bin ich" oder das schwedische *det är oss det gäller* „wir sind es, denen es gilt". — Die norwegische volkssprache, wenigstens die der landbewohner, hält übrigens im gegensatz zum dänischen an dem alten *det er jeg*, *det er du* u. s. w. fest. — Diese im indogermanischen häufig anzutreffende neigung, das prädikatsnomen in den akkusativ zu setzen, beruht darauf, dass dieser auf dem erwähnten sprachgebiete der kasus der allgemeinsten, kaum näher zu bestimmenden beziehung ist, demnach der dem prädikat allein angemessenen stammform am nächsten steht. Das eintreten eines nominativs für den prädikatskasus ist, wenn auch der drang nach äusserung der subjektivität mit im spiel sein mag, hauptsächlich doch gedankenlose übertreibung der kongruenz. Zum beweise, dass eine derartige gedankenlosigkeit vorkommt, genügt der hinweis auf die mit verbalendungen versehenen pronomina und konjunktionen, wie italienisches *eglino* „sie" (lat. *illi*) nach *vogliono* „sie wollen" u. s. w., irisches *iat* „sie" nach *carat* „sie lieben" u. s. w. und das deutsche dialektische *wennst du kommst, obst du gehst* u. s. w., bildungen, die nach völligem schwund eine ähnliche konjugation hervorrufen könnten, wie sie in der sprache von Annatom vorliegt. Dort wird nämlich nicht das verbum, sondern das pronomen konjugirt. Es heisst: *ek asaig, na asaig, et asaig* „ich sage", „du sagst", „er sagt", also eigentlich „ich sagen", „du sagen", „er sagen". Das präteritum dazu lautet nun: *ekis asaig, as asaig, is asaig*, also statt „ich sagte", „du sagtest", „er sagte" gewissermassen „ich-te sag", „du-te(st) sag", „er-te sag".

In den nordischen sprachen und im englischen hat die subjektsbezeichnung am nomen und pronomen am meisten von ihrer deutlichkeit eingebüsst. Im schwedischen, dänischen und norwegischen wird der unterschied zwischen dem subjekts- und und objektskasus — wenn man von einer kennzeichnung durch die wortstellung absieht — nur noch beim persönlichen pronomen aufrecht erhalten, und auch dort nur noch zum teil. Die schwedischen formen mit formell ausgeprägter subjekts- bezw. objektsandeutung sind: *jag* „ich“, *mig* „mich“, *vi* „wir“, *oss* „uns“, *du* „du“, *dig* „dich“, *I ni* „ihr“, *eder (er)* „euch“, *han* „er“, *honom* „ihn“, *hon* „sie“, *henne* „sie“ (akk.), *de* „sie“ (nom. plur.), *dem* „sie“ (akk. plur.). Die entsprechenden dänischen bezw. norwegischen formen sind: *jeg* „ich“, *mig* „mich“, *vi* „wir“, *os* „uns“, *du* „du“, *dig* „dich“, *I* „ihr“, *eder, jer* „euch“, *han* „er“, *ham* „ihn“, *hun* „sie“, *hende* „sie“ (akk. sing.), *de* „sie“ (nom. plur.), *dem* „sie“ (akk. plur.). Das schwedische und norwegische *hvo* „wer“ und das dänische *ho* „wer“ können nicht mehr mitgezählt werden, da sie in der umgangssprache durch die akkusativform *hvem* ersetzt werden. Im englischen walten ganz ähnliche verhältnisse ob. Formell deutlich ausgeprägte nominative sind nur noch *I* „ich“, *we* „wir“, *he* „er“, *she* „sie“ (fem. sing.), *they* „sie“ (plur.) (im gegensatz zu *me* „mich“, *us* „uns“, *him* „ihn“, *her* „sie“ [akk. fem.], *them* „sie“ [plur.]) und das fragepronomen *who* „wer“ im gegensatze zu *whom* „wen“. Dieses *who* ist allerdings auf dem wege, die akkusativform zu verdrängen und so den unterschied zwischen dem subjekts- und objektskasus zu verringern. Aber völlig verschwunden ist *whom* noch lange nicht, und so müsste man dem englischen mehr stärke der subjekts-hervorhebung zuschreiben als dem nordischen, wenn es nicht andrerseits die formen für die zweite person durch die verallgemeinerung von *you* hätte zusammenfallen lassen. Im niederländischen und deutschen kommt eine formelle subjektsbezeichnung weit häufiger vor. In beiden sprachen sind von hierher gehörigen persönlichen pronomen zu erwähnen: *ik ich (mij mich)*, *wij wir (ons uns)*, *gij ihr (u euch)*, *hij er (hem ihn)*; dazu kommt aus dem deutschen *du (dich)*, aus dem niederländischen *zij* (neben *ze* „sie“ im gegensatze zum akkusativ „sie“). Von akkusativformen *hen* „sie“

(plur. des mask. und neutr.) und *haar* (sing und plur. fem.), die mittelbar den subjektskasus stärken würden, darf man abschn, da sie im vertraulichen umgange wohl kaum gebraucht werden. Dazu kommt nun in beiden sprachen die unterscheidung einer subjekts- und objektsform beim fragepronomen *wie* „wer", *wien* „wen", sowie beim artikel, adjektivum und adjektivischen pronomen für das maskulinum des singular, z. b. *de goede man* „der gute mann", *den goeden man* „den guten mann", *deze man* „dieser mann", *dezen man* „diesen mann" u. s. w. Im deutschen endlich reiht sich noch eine beträchtliche zahl von substantiven an, bei denen wenigstens im singularis der nominativ und akkusativ durch die endung unterschieden werden, wie *mensch, bär, fürst, graf, held, herr, hirt, bote, hase, knabe, geführte, gehilfe* und andere.

Also hebt der deutsche das subjektive element sowohl beim verbum wie beim nomen stärker hervor als die andern germanen; und wenn der stärkeunterschied auch noch so gering sein mag, so ist er doch gross genug, um unsere aufmerksamkeit verlangen zu können.

Bevor ich jedoch dazu übergehe, eine erklärung dieser verschiedenheiten zu versuchen, möchte ich Sie noch auf eine eigenartige erscheinung des nordischen aufmerksam machen und zwar auf die dort herrschende auffällige neigung, unseren vielsagenden genitiv durch eine mehr sinnlich konkrete, jedem einzelfall sich anpassende ausdrucksweise zu ersetzen. So heisst es im dänischen, das als vertreter der ganzen gruppe dienen mag: *Ejeren af Huset* „der eigentümer des hauses", wörtlich „der eigentümer vom haus"; *Ordbog over det gamle norske Sprog* „wörterbuch der altnordischen sprache", wörtlich „wörterbuch über die alte nordische sprache"; *Praesterne i Byen* „die geistlichen der stadt", wörtlich „die geistlichen in der stadt"; *Slutningen paa Historien* „der schluss der geschichte", wörtlich „der schluss auf der geschichte"; *Moderen til Barnet* „die mutter des kindes", wörtlich „die mutter zum kinde"; *Voldene omkring Byen* „die wälle der stadt", wörtlich „die wälle ringsum die stadt"; *Formynderen for Barnet* „der vormund des kindes", wörtlich „der vormund für das kind"; *Enke efter den forige Konge* „die witwe des vorigen königs", wörtlich „die witwe nach dem vorigen könige".

Ich habe schon erwähnt, dass eine sprache sehr reich an kasusformen sein kann, ohne das subjekts- und objektsverhältnis zum ausdruck bringen zu können, und als beispiel habe ich das awarische zitirt. Ich füge jetzt noch hinzu, dass dieser fall sehr häufig vorkommt und dass die entwickelung der rein grammatischen, abstrakten kasus durch die nur den einzelfall berücksichtigende auffassung geradezu unterdrückt zu werden scheint.

Die im nordischen übliche umschreibung unseres genitiv durch präpositionen, die statt der einen entwicklungfähigen beziehung der zugehörigkeit allzu sinnliche örtliche und zeitliche verhältnisse zum ausdruck bringen, weist denn auch auf eine offenkundige annäherung an den typus des uralaltaischen, das wohl auch an der herausbildung dieses dranges nach individualisation nicht völlig unbeteiligt ist.

Zur veranschaulichung dieser abstraktionsfeindlichen sorgfalt in der behandlung von kleinigkeiten gebe ich eine kurze, zum teil nur andeutende übersicht der finnischen kasus. Man unterscheidet deren 16: einen nominativ, partitiv, genitiv, akkusativ, inessiv, elativ, illativ, adessiv, ablativ, allativ, abessiv, translativ, essiv, komitativ, instruktiv und prosekutiv.

Der sogenannte nominativ des finnischen ist nun aber keineswegs ein subjektskasus, sondern nicht mehr und nicht weniger als der reine, durch keine kasusbeziehung näher bestimmte stamm, der unter anderem auch einmal das subjekt bezeichnen kann, wie in dem satze *poika lukee* „der knabe liest“. Dieselbe stammform steht aber auch absolut, z. b. in dem satze *mies istuu lakki pää-ssä* „der mann sitzt, die mütze (*lakki*) auf dem kopfe“. Sie wird ferner bei zeitbestimmungen gebraucht, wenn *joka* „jeder“ vorausgeht, z. b. in dem satze *hän soittaa huilua joku päivä* „er spielt die flöte jeden tag“. Sie ersetzt ferner den vokativ, z. b. in *kuule poika!* „höre einmal, knabe“. Sie bezeichnet endlich — und das ist von besonderer wichtigkeit — in bestimmten fällen auch das objekt, obwohl ein formell unterschiedener akkusativ vorhanden ist, und zwar nach dem imperativ oder einem von diesem abhängigen infinitiv, wie in den sätzen *anna tämä kirja ystävä-lle-ni* (freund-zu-mein) „gib dieses buch (*kirja*) meinem freunde!“, *muista riedä tämä kirja pappi-lle* (pfarrer-zu) „denke daran (*muista*), diesen brief (*tämä kirja*) dem pferrer zu bringen"; ferner nach den unpersönlichen verben *tulec, pitää, täytyy* „gebührt, soll, muss" ·und einigen andern, z. b. in dem satze *minun* (genitiv von *minä* „ich") *tulee tehdä* (vollenden) *tämä työ* (arbeit) „ich habe diese arbeit zu vollenden"; endlich nach einem passiven verb oder einem von diesem ab- hängigen, z. b. in dem satze *poiju-lle* (knabe-zu) *on* (ist) *luvattu* (versprochen) *anttaa markka* „man hat dem knaben versprochen, ihm eine mark zu geben".

Dieser vielbeschäftigte finnische nominativ wird nun andrer- seits nicht gebraucht, wenn das subjekt unbestimmt ist. In diesem falle tritt der partitiv ein, z. b. in den sätzen: *leipä-ä* (franz. *du pain) on pöydä-llä* (tisch-auf) „brot ist auf dem tische". *liha-a* (franz. *de la riande) on tori-lla* (markt-auf) „es gibt fleisch auf dem markte". Dieser partitiv bezeichnet aber auch das unbestimmte objekt, z. b. in den sätzen: *poika syö liha-a* „der knabe isst fleisch", *seppä takoo rauta-a* „der schmied schmiedet eisen", *poika lukee kirja-a* „der knabe liest ein buch". Der akkusativ erscheint, von einigen zeitbestimmungen abge- sehen, nur dann, wenn das objekt bestimmt ist und im singular steht, z. b. in dem satze: *isä on* (ist) *vienyt* (gebracht habend) *poja-n* (sohn-den) *koulu-un* (schule-in) „der vater hat den sohn in die schule gebracht".

Dieser im vergleich zum indogermanischen äusserst mangel- haften subjekts- und objektsbezeichnung stellt das finnische nun eine fülle von formen zur genauen festlegung räumlicher be- ziehungen gegenüber. Zur angabe der ruhe im inneren dient der inessiv mit der endung *ssa (ssä),* z. b. in den sätzen: *he ovat metsä-ssä* „sie sind im walde", *ukko kutoo verkko-n viiko- ssa* „der greis verfertigt ein netz innerhalb einer woche". Zur bezeichnung des herausnehmens, hervorgehens aus dem inneren wird der elativ mit der endung *-sta (-stä)* gebraucht, z. b. in dem satze: *minä tulen kaupunki-sta* „ich komme aus der stadt". Die bewegung nach dem innern hin bezeichnet der illativ, z. b. in dem satze *menen kylä-än* „ich gehe ins dorf". Dem aus- drucke des seins bei einem gegenstande dient der adessiv mit der endung *-lla (-llä),* z. b. in den sätzen: *hän on pello-lla* „er ist auf dem felde", *minu-lla on kello* „ich habe eine uhr" („bei mir ist eine uhr").

Zur angabe einer bewegung von einem objekte her bedient man sich des ablativs mit der endung -*lta* (-*ltä*), z. b. in dem satze: *miehet tulevat korkea-lta vuore-lta* „die männer kommen vom hohen berge herab". Die bewegung zum gegenstande hin dagegen wird durch den allativ mit der endung -*lle* bezeichnet, z. b. in den sätzen: *menivät pello-lle* „sie gingen aufs feld", *andakaat jumala-lle, kuin jumala-n ovat!* „gebet gott, was gottes ist!". Aber auch die abwesenheit eines gegenstandes wird durch einen besonderen kasus ausgedrückt, den abessiv mit der endung -*tta* (-*ttä*). So sagt man: *olla raha-tta* „ohne geld sein". Zur bezeichnung des zustandes, in den etwas übergeht, dient der translativ, dessen endung -*ksi* lautet. So heisst es beispielsweise: *hän valitiin kuninga-ksi* „er wurde zum könige gewählt", *tämä vesi ei* (nicht) *kelpaa juoma-ksi* „dieses wasser taugt nicht zum trinken". Zur angabe eines zufälligen oder eine gewisse zeit dauernden zustandes, in dem man sich befindet, dient der essiv mit der endung -*na* (-*nä*), z. b. in dem satze: *hän on opettaja-na Helsingi-ssä* „er ist lehrer in Helsingfors". Dem ausdruck der begleitung dient der meist auf den pluralis beschränkte komitativ mit der endung -*ne*, z. b. in dem satze: *isä meni poiki-ne-nsa* (söhne-mit-seine) *kirkko-on* (kirche-in) „der vater ging mit seinen söhnen in die kirche", zur angabe des mittels oder der art verwendet man den instruktiv auf -*n*, dem jedoch meist das pluralsuffix *i* vorausgeht, z. b. in dem satze: *poika seisoo plaja-i-n pä-i-n* „der knabe steht (da) mit entblösstem haupte". Der prosekutiv endlich, ein selten gebrauchter kasus, bezeichnet das hindurchgehn durch etwas, z. b. in den sätzen: *hän meni meidän keski-tse-mme* (mitte-längs-unsere) „er ging durch unsere mitte", *minä tulin mai-tse* (land-längs), *mutta sinä tulit vesi-tse* (wasser-längs) „ich kam zu lande her, du aber zu wasser".

Kehren wir nun nach dieser abschweifung zu der frage zurück: wie erklärt es sich, dass alle andern germanen mehr gefühl für subjektivität eingebüsst haben als wir?!

Mögen die unterschiede auch noch so gering sein, es muss irgend etwas im leben dieser völker vorhanden sein, was ihren blick von der thätigkeit der kraftentfaltung eines subjekts ablenkte. Der holländer, den wir wohl als typus des niederländers gelten lassen dürfen, ist kaufmann. Mag die geschichte auch von grossen thaten erzählen, der holländer ist trotz alledem in erster linie ein kaufmann, der seinen willen dem zu erhandelnden und zu verschachernden objekte unterordnet. Beim engländer kommt noch etwas hinzu, was sich beim niederländer nur in verhältnismässig schwachen ansätzen verrät, die achtung vor dem herkommen, der sitte. Der durchschnitts-engländer ist bei allem stolz doch kein individuum. Er ist nur ein rädchen an der riesen-sitten-maschine England. Er geht zur kirche, nicht um zu beten, sondern deshalb, weil auch vater und grossvater hingegangen sind, weil alle leute von bildung hingehen; er wandelt mit aufgekrämpelten hosen durchs leben, nicht um seinen anzug vor unberechtigten eingriffen der witterung zu schützen, sondern weils sitte ist. — denn auch in die vor jedem unwetter geleiten salons versteigt er sich zuweilen in diesem aufgeschürzten kostüm —; er weiss sich in allen in seiner heimat möglichen verhältnissen zurecht zu finden, weiss in allen fällen mit sicherheit aufzutreten, nicht als ob er überhaupt etwas wüsste, sondern weil er dressirt ist, auf bestimmte reize in bestimmter weise zu reagiren; kurz: der originellste engländer ist im vergleich zu einem deutschen ein automat.

Keinem der nordischen völker dürfte man dies nachsagen — wenn man auch behaupten darf, dass fremdes tief auf sie eingewirkt habe — und doch fehlt auch ihnen der uns deutschen eigene starke ausdruck eigener energie. Wie erklärt sich dies? Zunächst teilen sie, wenigstens vielfach, mit einem teile der engländer und niederländer das schicksal, sich der see anvertrauen und vom fischfang leben zu müssen. In beiden fällen wird also das thun nicht so sehr durch den eigenen willen als durch äussere verhältnisse bestimmt. Dann ist ein grosser teil der norweger und schweden durch die natur zu einer sich jährlich wiederholenden unthätigkeit verurteilt. Die langen winternächte schulen wohl schwätzer, aber keine thatkräftigen lenker des lebens. Endlich scheinen ungünstige bedingungen es mit sich gebracht zu haben, mehr den wunsch nach grösse zu wecken als den willen zur macht. Ich sage: es scheint so. Denn das stärkste zeugnis hierfür ist vorläufig das immerhin misszuverstehende der sprache.

Im nordischen hat sich nämlich aus einem alten medio-
passiv ein reines passivum herausgebildet, dessen gebrauch ein
ziemlich ausgedehnter ist. Häufige anwendung von passivformen
deutet aber darauf, dass man mehr an die ergebnisse der thaten
denkt als an diese selbst, dass man mehr eine einwirkung auf
objekte in ihnen sieht als eine bethätigung von subjekten — das
von der handlung betroffene objekt wird ja bei passiver kon-
struktion grammatisches subjekt — dass man also weniger vom
willen geleitet wird als vom wunsch, dessen erfüllung man nicht
nur vom eigenen thun, sondern auch von fremdem beistand abhängig weiss.

Doch stark entwickelter sinn für die ergebnisse des handelns
lenkt nicht notgedrungen von diesem ab — so nah die gefahr
auch liegen mag. Auch die erreichung eines selberstrebten,
selbsterkämpften zieles mag ein volk ersehnen. Und wenn es
geschieht, dann wird es alle teile der rede zusammenschmelzen,
wie es alles handeln eins werden lässt im gedanken an das thaten-
vereinigende ziel.

So geschiehts im deutschen, wo ein verb mit dem zu ihm
gehörenden präfix zuweilen eine solche menge von gedanken
umschliesst, dass einen fremden ein grausiges gefühl anwandeln
könnte, z. b. in folgendem satze:

„Er *sah* nach langen, beschwerlichen irrfahrten, deren müh-
sale jedoch durch die fülle des vorher ihm nie gebotenen, des
vorher nie von ihm geahnten gedankenstoffs nicht nur reichlich
aufgewogen, sondern in mehr als gewöhnlicher weise gelohnt
wurden, durch des schicksals strenge anweisung zum thatkräftigen,
seinem lehrer scheinbar gewachsenen und daher kühn ihm trotzen-
den manne gebildet, wider alles erwarten die nie vergessene, in
träumen ihm immer gegenwärtig gewesene, nur von der fülle
der sich vordrängenden erlebnisse in den hintergrund des bewusstseins gedrängte, ununterbrochen heissgeliebte, an alles, was
ihm aus seinem leben lieb war, unlösbar gekettete heimat endlich, endlich *wieder*“.

Dass es zu täglichen leibes- und geistesübungen der deutschen
gehöre, so lange sätze zu bauen, behaupte ich nun keineswegs.
Aber ich behaupte, dass ähnliches nicht selten vorkommt, und

dass kein andrer germane dieses gedanken-aufspeichernde unternehmen auch nur wagen kann.

So scheint denn thatsächlich die deutsche sprache ein zeugnis ungewöhnlicher willensstärke, ein zeugnis ungewöhnlicher geisteskraft zu sein.

Muss aber nicht die ganze theorie in nichts zerfallen, wenn die kultur der ägypter und chinesen — um von anderen, weniger bedeutenden erscheinungen nicht zu reden — ohne sprachen mit ausgeprägter subjektivität zu stande gekommen ist?

Darauf einzugehen, muss ich mir auf das nächste mal versparen, um dann, alles zusammenfassend, den wert des deutschen zu bestimmen, die frage zu beantworten, was wir unserer muttersprache verdanken.

Zwei volksstämme sind es, deren sprachen bei aller verschiedenheit doch darin übereinstimmen, dass sie beide auf eine
ausserhalb ihres kreises nirgends in auch nur annähernd gleicher
ausdehnung zu beobachtende kraft des geistes deuten, die semiten
und indogermanen. Ja, so gross scheint diese geisteskraft zu
sein, dass man zu dem glauben verführt werden könnte, was
jene völker von allen andern geistigen gemeinschaften der erde
trenne, das sei eine tiefe, bis in alle ewigkeit unüberbrückbare
kluft.

Und doch hat sich unabhängig von den semiten und indogermanen mehrfach eine kultur herausgebildet, die aller theorie
zu spotten scheint.

Der höhepunkt ostasiatischer bildung liegt in China, jenem
wundersamen lande, dessen existenzberechtigung in erster linie
darauf zu beruhen scheint, dass es Ben Akibas behauptung,
alles sei schon dagewesen, in glänzendster weise zu rechtfertigen
vermag. Schon tausend jahre vor Christi geburt sind dort fast
alle kennzeichen eines geordneten staatswesens vorhanden: thor-
schreiber, jagdgesetze, vorschriften für das zeremoniell, eine
löbliche polizei und dergleichen mehr. Im dritten oder vierten
nachchristlichen jahrhundert wird schon die tusche gebraucht;
im siebenten jahrhundert beginnt schon die porzellanmanufaktur,
im elften jahrhundert werden bewegliche lettern zum druck verwandt — der mit holztafeln war schon im sechsten jahrhundert
bekannt — und lange vor all diesen herrlichkeiten, im zweiten
jahrhundert vor Christi geburt, kannte man schon das papier-
geld, das der Ming- und mongolendynastie freilich nicht gut
bekommen ist.

Sollte man angesichts dieser thatsachen nicht auch grosses auf dem gebiete der kunst und wissenschaften erwarten dürfen? Vielleicht sind solche hoffnungen völlig unberechtigt. Auf jeden fall aber wird der, der sie hegt, schmählich enttäuscht. Auf dem gebiete der chinesischen kunst verdient nur die lyrik hervorgehoben zu werden. Aber ganz abgesehn davon, dass manche jeder bildung bare völker, sogenannte wilde, den naseweisen europäer durch tiefempfundene lieder zu überraschen vermögen, — diese chinesische lyrik ist, wenn auch anerkennenswert, so doch noch nicht einmal bedeutend. Sie mag manchmal innig, manchmal sinnig sein, nie aber verrät sie auch nur das geringste von jener dichterischen gewalt, die das kälteste herz erbeben macht.

Auf dem gebiete der wissenschaft ist eine reiche geschichtsschreibung vorhanden, aber es sind im grunde doch wohl nur chroniken, an denen sich keine künstlerische und keine geistige gestaltungskraft versucht hat. Doch es gibt eine chinesische philosophie: es gibt einen Lao-tse, es gibt einen Khung-tse (Khung-fu-tse). Nur zur hälfte beruht diese behauptung auf wahrheit. Einen Lao-tse *hat* es gegeben. Seine tiefsinnige lehre gehört der geschichte an. China hat bewiesen, dass sie nicht chinesisch genug war. Khung-tse's philosophie freilich lebt noch immer, sie hat einen einfluss auf das gesamte volk gewonnen, der wohl beispiellos dasteht, sie ist geradezu die religion des volkes geworden, aber — sie ist auch danach. Gestatten Sie mir, Ihnen eine probe aus dem *tá-hiok*, einem dem Khung-tse zugeschriebenen werke, und eine aus dem kommentar des T'seng-tse vorzulegen:

„Es liegt nicht in der natur der dinge, dass etwas, dessen grundlage nicht in ordnung ist, das, was darauf notwendig erwächst, in gutem zustande hat. Leichtfertig behandeln, was die hauptsache oder das wichtigste ist, und ernst behandeln, was nur eine angelegenheit zweiten ranges ist, das ist eine handlungsweise. die man niemals befolgen soll."

„Es gibt ein gewichtiges prinzip für die vermehrung der einkünfte. Diejenigen, die diese einkünfte erwerben, müssen zahlreich, und die, die sie verausgaben, müssen wenige sein."

Auf die gefahr hin, in den ruf eines dreisten ignoranten

zu kommen, gestatte ich mir, eine solche philosophie für eine liebe zur weisheit zu halten, die ohne jegliche gegenliebe geblieben ist.

Doch mein urteil über Chinas litterarische thätigkeit mag für Sie von geringer bedeutung sein. Ein beweis für die richtigkeit lässt sich nicht in wenigen worten erbringen, und das gewicht einer autorität, das einen, wenn auch schwachen, ersatz bieten könnte, fehlt. Hören Sie denn einen kenner und — freund der chinesen an, M. v. Brandt. „Das übliche absprechende urteil über die chinesische litteratur", so heisst es, „rührt eben nur von der unkenntnis derselben her". Und wie lautet das urteil des kenners? „Die ganze naturanlage drängt die chinesen auf kleinliche praktische thätigkeit, und so sind alle entdeckungen nicht so sehr ergebnisse wissenschaftlicher vorbildung und nachforschung als folge praktischer handgriffe und verbesserungen. Ihre litteratur ist reich und mannigfaltig: grosse dichtwerke von erhabenem schwung werden allerdings nicht geschaffen, der wurf im kleinen gelang vorzüglich."

Wie anders erscheinen uns da die ägypter, deren riesendenkmale noch heute ehrfurchtsvolles staunen erwecken. Und dabei liegt noch die gefahr nahe, ihnen dadurch, dass wir sie an uns messen, nicht einmal gerecht zu werden. Sind sie doch bahnbrecher für semitische und indogermanische gesittung gewesen.

Es ist nicht nötig auf alle einzelheiten des ägyptischen lebens einzugehn. Georg Ebers hat dafür gesorgt, dass die gebildeten Deutschlands und eines teils von Europa die kultur der alten nilbewohner besser kennen als das leben und treiben ihrer vorfahren. Fragen wir uns nur, ob das bestbestaunte ihrer kultur thatsächlich die achtung vollauf verdient, die man ihm allgemein zollt.

Die pyramiden, an die wir zuerst denken, wenn die aufmerksamkeit auf Ägypten gelenkt wird, mögen uns mit recht in staunende bewunderung versetzen. Aber wenn wir uns einmal ernstlich fragen, was denn eigentlich das bewundernswerte ist, so müssen wir doch zugestehn, nur die macht derer, die ihre sklaven zu solchen riesenarbeiten zwingen konnten.

Aber es gab doch auch eine wissenschaftliche thätigkeit am Nil, wird man sagen. Sind nicht bedeutende mathematische

kenntnisse zu verzeichnen? Ist nicht eine sorgfältige pflege der
rechtswissenschaft und medizin, der geschichte und geographie
bewiesen?

' Ganz abgesehen davon, dass vielleicht nicht alles so bedeutend
war, wie der vergrössernde nebel des altertums es erscheinen
lässt, eines darf man wohl auf jeden fall behaupten: alles, was
sie an geisteserrungenschaften besassen, war nur erfahrung, und
der massstab für die wertschätzung ihrer erfahrung war die
nützlichkeit.

Ähnlich dürfte aber auch wohl die zivilisation der amerikaner
zu beurteilen sein. Es sind vier selbständige kulturkreise nachweisbar: der mexikanische, yukatekische, peruanische und der
der tschibtschas auf den hochebenen von Bogotá und Tunja am
rechten ufer des Magdalenenstroms.

Manches lässt sich auf diesem gebiete nur erraten. Zwei
dieser kulturkreise, der mexikanische und peruanische, sind
jedoch wohl genügend bekannt, um eine nicht allzu ungerechte
beurteilung zu ermöglichen.

Wenn man von den errungenschaften der ägypter hört,
dann staunt man wohl darüber, dass man's schon vor so un-
endlich langer zeit so weit gebracht hat.

Wenn uns aber zum ersten male ein einblick in die kultur
der azteken und peruaner ermöglicht wird, dann stehn wir wohl
wie fassungslos der kaum begreiflichen und doch unleugbaren
thatsache gegenüber, dass diese leute gar sehr von uns verkannt
worden, dass sie nichts weniger als wilde sind. Und dann ist
man leicht geneigt, die höhe jener kulturen nach der stärke des
eindrucks abzuschätzen, den sie auf uns überrumpelte beschauer
auszuüben vermochten, und man fühlt sich verpflichtet, den
fehler der unterschätzung wieder gut zu machen.

Der umstand, dass die kulturerscheinungen Amerikas ohne
hilfe fremder völker zu stande gekommen sind, ruft ja freilich
mit recht unsere achtung, unsere bewunderung hervor. Aber
wie in Ägypten steht auch hier alles im dienste materieller
ausbeutung oder im dienste des herrschers. Die pyramiden von
Cholula, Papantla und Xochicalco, der palast von Teszuco, die
gräberpaläste von Mitla sind bedeutend als denkmale einstiger
macht, unbedeutend als schöpfungen einer reinen, freien kunst,

und auch der aztekische kalender beweist bei aller vorzüg-
lichkeit kein eindringliches, die erfahrung weit überschreitendes
denken.

Ein dem materiellen grundzug amerikanischer kultur widerstrebendes denkmal darf freilich nicht übersehn werden: das
wahrscheinlich aus dem 15. jhrdt. stammende drama *Ollanta.*
Es ist ein wirkliches kunstwerk und gestattet wohl einen rück-
schluss auf die höhe der bildung. Andrerseits darf jedoch nicht
vergessen werden, dass die lyrischen stellen die glanzpunkte des
werkes bilden, dass es mehr tiefe der empfindung als plastische
gestaltungskraft verrät.

Was unterscheidet denn eigentlich die semiten und indogermanen von all diesen völkern?

Dass fast alles in vollkommenerer gestalt anzutreffen ist,
darf nicht allzuhoch angeschlagen werden. Die erben älterer
kulturen hatten ja verhältnismässig leichte arbeit.

*Was ihnen allen fehlt, was die weltgeschichtliche bedeutung
der semiten und indogermanen geschaffen hat, ist der stark entwickelte sinn für kausalität.*

*Die frage nach den ursachen der erscheinungen ist es, die
das gesamte geistesleben der semiten und indogermanen bewegt,
aber die art der antwort ist eine verschiedene, je nachdem das
gefühl dominirt oder die vorstellung; bei den semiten wird sie
zur religion, bei den indogermanen zur philosophie.*

*Diese frage nach der ursache aber steht in engem zusammen-
hang mit der subjektivität des verbs, und zwar in einem ganz
bestimmten zusammenhang: sie ist ihre folge.* Wollte man annehmen, das umgekehrte sei der fall, der sinn für kausalität
habe das subjektive verbum geschaffen, so müsste man — abgesehn von der schwierigkeit dies zu erklären — auch noch die
zweite schwierigkeit überwinden, die entstehung dieses urplötz-
lich auftauchenden sinnes für kausalität nachzuweisen oder doch
mindestens begreiflich zu machen. Leicht verständlich ist es
dagegen, dass ein allen lebewesen eigener trieb sich den verhältnissen entsprechend mehr oder weniger entwickelt, dass je
nach den lebensbedingungen, denen ein volk sich anpassen muss,
all sein handeln in höherem oder geringerem grade durch den
willen geregelt wird.

So ist ein subjektives verb nicht nur ein ehrenvolles zeugnis für das volk, das sich eines solchen besitzes rühmen darf, sondern auch ein schatz, der zinsen trägt. Einmal erinnert es tagtäglich daran, dass die thätigkeit es ist, die das leben beherrscht, und dann arbeitet es unausgesetzt, dem flüchtigen beobachter verborgen, an der kräftigung des sinnes für kausalität. Dass die ausbildung eines subjektskasus noch zu weiterer verstärkung dient, ist klar, und es ist entschieden kein zufall, dass dieser bedeutungsvolle beziehungsausdruck nur auf indogermanischem gebiete in reiner form nachzuweisen ist.

Aber dieser einfluss der sprache auf das leben der völker scheint doch nicht überall nachweisbar zu sein. Manche indogermanen, wie kurden und osseten, verraten wenig oder nichts von ihrer zugehörigkeit zu dem stamme derer, die die höchste stufe geistiger kultur erreicht haben, und andre völker, wie magyaren und finnen, leisten weit mehr, als bei einem angehörigen der ural-altaischen familie vorausgesetzt wird. Vergessen wir angesichts solcher einwände nicht, dass die sprache der kurden und osseten auch eine andre ist als die der alten griechen, dass die sprache der magyaren und finnen durchaus nicht mit allen ihren verwandten auf dieselbe stufe gestellt werden kann. Sollte es uns aber manchmal trotz sorgfältigster beobachtung aller sprachverschiedenheiten nicht gelingen, den zusammenhang zwischen der geistigen eigenart eines volkes und seiner weltanschauung in bezug auf jede einzelheit klarzulegen — was ja oft, sehr oft vorkommt — so ist zunächst nicht mehr bewiesen, als dass unsere fähigkeit schnell an ihre grenze stösst. Meine im ersten vortrage ohne rücksicht auf einzelbeobachtungen aufgestellte behauptung bleibt doch als wahr bestehen, nämlich die behauptung: „Die geistige eigenart eines volkes umschliesst dessen weltanschauung als einen ihrer teile, und deshalb muss zwischen beiden eine wechselwirkung bestehn".

Versuchen wir denn — auf die gefahr hin, jede wahrheit mit einer kleinen unwahrheit zu verketten — den wert unserer muttersprache zu bestimmen.

In ihrer eigenschaft als mittel zur verständigung kann sie keinen anspruch auf grosses lob erheben. Mit geringerem kraftaufwand lässt sich dasselbe, ja mehr erreichen. Die englische

7*

sprache bezeugt es, und als verständigungsmittel verdient sie
vielleicht wirklich das etwas überschwänglich klingende lob, das
Jakob Grimm ihr spendet. In seiner abhandlung über den ursprung der sprache äussert er sich folgendermassen:

„Keine unter allen neueren sprachen hat gerade durch das
aufgeben und zerrütten aller lautgesetze, durch den wegfall
beinahe sämtlicher flexionen, eine grössere kraft und stärke
empfangen als die englische, und von ihrer nicht einmal lehr-
baren, nur lernbaren fülle freier mitteltöne ist eine wesentliche
gewalt des ausdrucks abhängig geworden, wie sie vielleicht noch
nie einer menschlichen zunge zu gebote stand. Ihre ganze
überaus geistige, wunderbar geglückte anlage und durchbildung
war hervorgegangen aus einer überraschenden vermischung der
beiden edelsten sprachen des späteren Europas, der romanischen
und germanischen, und bekannt ist, wie im englischen sich
beide zu einander verhalten, indem diese bei weitem die sinnliche grundlage hergab, jene die geistigen begriffe zuführte. Ja
die englische sprache, von der nicht umsonst auch der grösste
und überlegenste dichter der neuen zeit im gegensatz zur klassi-
schen alten poesie, ich kann natürlich nur Shakespeare meinen,
gezeugt und getragen worden ist, sie darf mit vollem recht eine
weltsprache heissen und scheint gleich dem englischen volk aus-
ersehen, künftig noch in höherem masse an allen enden der
erde zu walten. Denn an reichtum, vernunft und gedrängter
fuge lässt sich keine aller noch lebenden sprachen ihr an die
seite setzen, auch unsere deutsche nicht, die zerrissen ist, wie
wir selbst zerrissen sind, und erst manche gebrechen von sich
abschütteln müsste, ehe sie kühn mit in die laufbahn träte."

Fragt man nun aber, was jede germanische sprache von
ihrem träger verrät, welchen wert jede für das gesamte leben
des volkes hat, dem sie angehört, und im besondern, was sie
für die entwickelung des geistes leistet, so verdient auch unsere
muttersprache gerühmt zu werden. Nicht alles freilich, was sie
von ihren stammverwandten unterscheidet, kann ein vorzug genannt werden, nicht alles berechtigt zu der hoffnung, dass sie
segensreich auf ihre träger rückwirke.

Die annäherung an den typus des semitischen — Sie erinnern Sich der starkentwickelten vokalvariation, der konsonanten-

verstärkung zwecks bildung von intensiven und der im affekt nicht seltenen nachstellung des adjektivischen attributs — zeugt von einem zu heftig sich vordrängenden gefühl und birgt — falls eine einwirkung auf unser leben stattfindet — eine gefahr in sich. Aber im zusammenhang mit dieser gefühlsherrschaft steht auch die unvergleichliche entwickelung der deutschen lyrik und musik, und vielleicht auch die thatsache, dass der echt germanische protestantismus bei uns nicht allzustrenge gestalt angenommen hat, und dass es jedem gestattet ist nach seiner façon selig zu werden.

Das bewusstsein der eigenen macht ist nach dem zeugnis der sprache — denken Sie an das schicksal des grammatischen geschlechts — bei deutschen, niederländern und norwegern schwächer als bei den engländern, dänen und schweden, die sich ja auch nach der angabe mancher beobachter zuweilen sogar überschätzen sollen. Aber diese deutschen, deren bescheidenheit oft zum lächerlichen fehler geworden ist und nur das eine gute mit sich gebracht hat, den gegner nicht schon vor dem kampf geringzuschätzen, diese deutschen lassen ihr handeln doch mehr als alle andern germanen durch den eigenen willen bestimmen — das deutsche verb verrät die stärkste subjektivität —; und was sie erreicht haben, das verdanken sie diesen selbstgewollten thaten — sie haben den stärkstentwickelten subjektskasus —, nicht einem günstigen zufall, nicht der erfüllung der wünsche durch fremde mächte. Auch ihnen ist der erfolg ihres thuns nicht gleichgiltig, nicht nur aus freude an der bethätigung eigener kraft wirken sie, aber — wenn die sprache nicht lügt — so sehen sie nicht allein auf den erfolg ohne rücksicht auf den, der ihn verschafft, wie die dänen und schweden — denken Sie an den ausgedehnten passivgebrauch —, sondern wollen ihn sich selbst verdanken — erinnern Sie Sich der aktiven stark synthetischen ausdrucksweise —.

Diese subjektivität, die im verb und im nominativ zum ausdruck kommt, hängt aber eng zusammen mit der entwickelung der rein grammatischen, nichts zeitliches oder örtliches andeutenden beziehungen. Ist auch eine stärkere ausprägung dieser ganz abstrakten, an irgend etwas sinnliches nicht einmal mehr gemahnenden verhältnisse schwer oder überhaupt nicht nachzu-

weisen, so behütet die subjektivität des verbs doch mindestens
vor einem dem denken nicht günstigen streben nach allzugrosser
anschaulichkeit, wie die genetivumschreibung der nordischen
sprachen es verrät.

Diese subjektivität aber stärkt — wie wir wissen — den
sinn für kausalität, — und die deutsche philosophie gibt ein
bestätigendes zeugnis.

Jene echt deutsche neigung zum einschachteln endlich ist
nicht nur ein beweis für vollbrachte gedankenarbeit, sondern
auch eine anleitung zu einer solchen, wie sie kaum besser zu
denken ist. Wie hoch die anforderung ist, die solche satzverbindungen an den sprecher und hörer stellen, darüber belehren
uns die ausländer, wenn wir sie ersuchen, so etwas nachzumachen,
so etwas zu verstehn.

Ich weiss wohl, dass es gefälligere ausdrucksweisen gibt als
diese von mir echt deutsch genannten. Man mag sie plump
nennen und man thut ihnen nicht unrecht. Zierliche eleganz
ist allerdings nicht unsere kardinaltugend und soll uns auch
von mir nicht angedichtet werden.

Es war überhaupt nicht mein streben, mich durch die betrachtungen, die hiermit ihrem ende entgegengehn, zu einem
hymnus auf meine muttersprache zu rüsten. Ich wollte den
teil der weltanschauung ausfindig machen, der im deutschen
sprachbau einen greifbaren ausdruck gefunden hat, ohne rücksicht darauf, ob das ergebnis der untersuchung uns, ob's andern
behagen würde. Wenn's nun jetzt doch so scheint, als seien
im deutschen — von wenigen kleinen nachteilen abgesehn —
alle nur wünschenswerten vorzüge nachzuweisen, muss es dann
nur schein sein, weil ich als deutscher es ausfindig mache?

Ich glaube Sie genug mit kleinen, fasst kleinlich erscheinen-
den untersuchungen gelangweilt zu haben. Ich habe keine
niederschmetternden schlagworte in den mund genommen, nicht
ganze sprachen in bausch und bogen beurteilt, sondern von
vokalen und konsonanten geredet, von nominativen, genitiven
und dergleichen angelegenheiten, die nicht jenseits menschlicher
erfahrung liegen. Ob die schlüsse, die ich aus thatsachen ge-
zogen habe, in allen fällen richtige waren, das mag dahingestellt
bleiben. Es wird mich nicht kränken, wenn einer jede einzelne
meiner behauptungen widerlegt.

Bis dahin aber glaube ich, was mir der deutsche sprachbau verraten hat. Von allem aber, was er erzählte, ist mir die durch ihn offenbarte subjektivität als das bemerkenswerteste und auch dankenswerteste erschienen. Denn die willenskraft, der sie entspringt, ist's, die uns gross gemacht hat und allein auf der höhe erhalten kann; und der durch sie erweckte rege sinn für kausalität, der semiten und indogermanen über alle völker der erde gestellt hat, ist auch deutscher geistesarbeit zum segen geworden.

Darum sollen die deutschen ihr danken, der plumpgescholtenen und oft wirklich ungefügen, aber willensstählenden, gedankengebärenden muttersprache.

ZUSÄTZE.

(Die ziffern bedeuten seiten, sofern nicht etwas anderes ausdrücklich angegeben ist. Von den einer zahl beigegebenen buchstaben weist *a* auf das erste, *b* auf das zweite und *c* auf das dritte drittel der angegebenen seite.)

1. vortrag. Über die verschiedenen schriftarten [2 b c] vgl. Steinthal, *Die entwicklung der schrift* und Fr. Müller, *Grundriss der sprachwissenschaft* bd. 1, abt. 1, 150-177. — Hinsichtlich der annahme unbewusster vorstellungen [2 c - 5 a] vgl. die bei Volkmann, *Lehrbuch der psychologie* [§ 25, 26 u. 69 zitirten schriften, ausserdem bes. Steinthal, *Einleitung in die psychologie und sprachwissenschaft* [§ 69-72, 121-126, 174-185, 263-278; Brentano, *Psychologie vom empirischen standp.* 76-77. 131-180; Lipps, *Grundthatsachen des seelenlebens* 28-45; Natorp, *Einleitung in die psychologie nach krit. methode* 37-40; Wundt, *Grundriss der psychologie* 243, 244, 264, 265; Ziehen, *Leitfaden der physiolog. psychologie* 3-4, 117-118; Jodl, *Lehrbuch der psychologie* kap. 3 § 32, kap. 8 § 19. — Über die kategorieen [6 a b] vgl. Sigwart, *Logik* [§ 6; Lotze, *Logik* [§ 33; Benno Erdmann, *Logik* § 13; Schuppe, *Grundriss der erkenntnistheorie und logik.* — Über die innere sprachform [10 a] vgl. Humboldt, *Über die versch. d. menschl. sprachb.* § 11; dazu Steinthals anmerkungen (*Die sprachphil. werke W.s v. H.* 339—351), dessen *Charakteristtk der hauptsächl. typen des sprachbaus* 38-44 und dessen *Ursprung der sprache* [116-120; ferner Steinthal, *Charakt. der hauptsächl. typen des sprachb.* 78-87. 316; Steinthal, *Urspr. d. spr.* [120-124; Steinthal, *Einl. i. d. psych. u. sprachw.* [§ 487-594; Steinthal, *Gramm. log. u. psych.* § 92-101, 125-129; Lazarus, *Das leben der seele* bd. 2, 3-258; G. v. d. Gabelentz, *Die sprachwiss.* 326 z. 29, 327 z. 12; Potebnja, *Mysl' i jazyk* [111-139.

2. vortrag. Mit meiner erklärung der temperamente [13 a] vgl. Kant, *Anthrop.* § 87; Wundt, *Grundriss der physiol. psych.* bd. 2, 347 ff. — Mit meiner klassifikation der sprachen [15] vgl. Steinthal, *Die klassification der sprachen*; Steinthal, *Char. d. hauptsächl. typen d. spr.*: Fr. Müller, *Grundr. d. sprachw.* bd. 1, abt. 1, § 4 u. 5; G. Oppert, *On the classif. of lang.*; R. de la Grasserie, *De la class. des lang.* (*Intern. zeitschr. f. allg. sprachw.* bd. 4, 373-387, bd. 5, 296-338); Byrne, *General principles of the structure of language* [bd. 1, 45-87. — Auskunft über die s. 15 genannten völker geben Waitz-Gerland, *Anthropologie der naturvölker*; Ratzel, *Völkerkunde* [;

Peschel-Kirchhoff, *Völkerkunde*[1]; Fr. Müller, *Allgem. ethnographie*[1]. —
Mit der schilderung der tonga [16 a - 19 b] vgl. die des kafrischen in Steinthal-Mistelis *Char. d. hauptsächl. typen d. spr.* 301-347, ausserdem Byrne,
Gen. princ. of the struct. of lang.[1] bd. 1, 21 (§ 6), 45-58, 87-133, 314-357;
— mit den angaben über das türkische [19 b - 21 a] vgl. die schilderung
des jakutischen in Steinthals *Char. d. hauptsächl. typen d. spr.* 177-202,
die des finnischen, magyarischen und kanaresischen in Steinthal-Mistelis
Char. d. hauptsächl. typen d. spr. 348-413, ausserdem Byrne, *Gen. princ.
of the struct. of lang.*[1] bd. 1, 23 (§ 9), 76-77, 358-478. — Mit den bemerkungen über die sprache der polynesier, melanesier, malayen und australier
[21 b] vgl. die schilderung der malayischen und dajackischen in Steinthal-
Mistelis *Char. d. hauptsächl. typen d. spr.* 229-266, sowie Byrne, *Gen. princ.
of the struct. of lang.*[1] bd. 1, 22 (§ 7), 72-75, 229-301. — Mit den angaben
über das aztekische [22 a - 23 b] vgl. die schilderung des aztekischen und
grönländischen in Steinthal-Mistelis *Charakt. d. hauptsächl. typen d. spr.*
112-154, ausserdem Humboldt, *Über die verschieoenh. d. menschl. sprachb.*
§ 17, § 23; Byrne, *Gen. princ. of the struct. of lang.*[1] bd. 1, 22 (§ 8),
58-72, 134-228; Stoll, *Die maya-sprachen der Pokom-gruppe.*

3. vortrag. Mit der besprechung des chinesischen [25 c - 28 b] vgl. die
schilderung des chinesischen, barmanischen und siamesischen in Steinthal-
Mistelis *Char. d. hauptsächl. typen d. spr.* 155-228, die des barmanischen
durch Humboldt (*Über die verschiedenh. des menschl. sprachb.*) § 24), die
des barmanischen und siamesischen in Bastians *Sprachvergl. studien* 108-245;
ausserdem Forbes, *Comparative grammar of the languages of Further
India* 99-129 und Byrne, *Gen. princ. of the struct. of lang.*[1] bd. 1, 23 (§ 10),
77-81, 479-503. — Mit der schilderung des hebräischen [28 b - 33 a] vgl. die
des arabischen und hebräischen in Steinthal-Mistelis *Char. d. hauptsächl.
typen d. spr.* 414-486, sowie Byrne, *Gen. princ. of the struct. of lang.*[1]
bd. 1, 23 (§ 10), 83-85, bd. 2, 1-101.

4. vortrag. Über die indogermanische stammbildung [35 b - 26 c] vgl.
Steinthal-Misteli, *Char. d. hauptsächl. typen d. spr.* 487-596; Brugmann-
Delbrück, *Grundr. d. vergl. gramm. d. idg. spr.*[1] bd. 1, 32-40. — Über den
ablaut [37 a b] vgl. Wilmanns, *Deutsche gramm.* bd. 1, 146-154. — Hinsichtlich des musikalischen akzents der indogermanischen urzeit vgl. Finck,
Über das verhältnis des balt.-slav. nominalakzents zum uridg. 29-31. — Über
den umlaut [37 c] vgl. Wilmanns, *Deutsche gramm.* bd. 1, 174-195; Sievers,
Grundz. d. phon.[1] 257; Victor, *Phon. studien* bd. 3, 86 f. — Über die
ursache des flexionsabfalls [47 a] s. Byrne, *Gen. princ. of the struct. of
lang.*[1] bd. 2, 376 ff.

5. vortrag. Über das grammatische geschlecht [56 c - 62 b] vgl. Adam,
Du genre; H. Winkler, *Weiteres zur sprachgeschichte*; Byrne, *Gen. princ.
of the struct. of lang.*[1] bd. 1, 9, 38, bd. 2, 280, 365-366. — Über die deutsche
intensivbildung durch konsonantenverstärkung vgl. Gerland, *Intensiva und
iterativa*; Wilmanns, *Deutsche gramm.* bd. 1, 86-91.

6. vortrag. Vgl. zum ganzen vortrag G. v. d. Gabelentz, *Sprachw.*
348-357, 394-395, 396-397, 399, 431-436; H. Winkler, *Zur Sprachgesch.*
245 ff.; Byrne, *Gen. princ. of the struct. of lang.* bd. 1, 27, bd. 2, 285-288.
7. vortrag. Über die subjektivität des verbs [80] und die dadurch
ermöglichte herausbildung eines subjektskasus [82 c - 83] vgl., abgesehn von
den mehrfach zitirten werken Humboldts und Steinthals, besonders H. Winkler,
Sprachgesçh. 1-151; Byrne, *Gen. princ. of the struct. of lang.* bd. 1, 27-29,
bd. 2, 288-284, 289-300; vgl. ausserd. ebend. bd. 1, 24. 25, bd. 2, 278-280.
— Über den akkusativ [85 b] vgl. H. Winkler, *Uralaltaische völker und
sprachen* 175, 176; H. Winkler, *Sprachgesch.* 152-193. — Über das passivum [91 c] vgl. H. C. v. d. Gabelentz, *Über das passivum (Abh. d. phil.-
hist. kl. d. k. sächs. ges. d. wiss.* bd. 3, 451-546); Byrne, *Gen. princ. of
the struct. of lang.* bd. 1, 32, bd. 2, 815-324. — Zu [92 a b] vgl. Byrne,
Gen. princ. of the struct. of lang. bd. 1, 39, bd. 2, 367.
8. vortrag. Vgl. zum ganzen: Fr. v. Hellwald, *Kulturgeschichte*;
G. Diercks, *Entwicklungsgesch. d. geistes d. menschheit.* — [95 c] „Leichtfertig behandeln, was die hauptsache ...." Legge, *The Chinese classics*
bd. 1, 267 übersetzt: *It never has been the case that what was of great
importance has been slightly cared for, and, at the same time, that what
was of slight importance has been greatly cared for.* Der text lautet nach
Pauthiers ausgabe (der einzigen mir zugänglichen): *k'i sò heú cè po' rî
k'i sò po' cè heú wéi ci yeù yè.*

REGISTER.

Von den hinter den ziffern stehenden buchstaben weist *a* auf das erste, *b* auf das zweite und *c* auf das dritte drittel der angegebenen seite.

Abchasisch s. Kaukasisch.

Abessiv 90 a.

Ablativ 90 a.

Ablaut 37 a b.

Accent s. Akzent.

Accusativ s. Akkusativ.

Adelaide, stellung des adjektivischen attributs in der sprache von — 70 a.

Adele, stellung des adjektivischen attributs in der — sprache 69 a.

Adessiv 89 c.

Adjektiv, behandlung des prädikativen —s nach art eines verbalausdrucks im nawätl und wolof 56 a b; stellung des attributiven —s 64c bis 73a; zusammenfall des prädikativen —s mit dem adverb 51c-56b.

Adverb, zusammenfall des —s mit dem prädikativen adjektiv 51c-56b.

Affekt, Einfluss der reizbarkeit auf die —e 12 b c.

Affix, vgl. präfix, suffix. —häufung im türkischen 20c-21a, im persischen 40 a, im ossetischen 40 b, im armenischen 41 a, im slavischen 41 a-c.

Afghanisch s. Iranisch.

Agulisch s. Kaukasisch.

Ägyptisch, —e kultur 96b-97a; —e sprache s. Hamitisch; —e schrift 2 b c.

Ainu [Aino], stellung des adjektivischen und genitivischen attributs

sowie des objekts in der sprache der — 66b-67a.

Akuša [Akuscha], —dialekt s. Kaukasisch.

Akkusativ, eintritt des — für den prädikatskasus 85 a b; wesen des indogermanischen — 85 b; der — im finnischen 89 b.

Akzent, der — als ursache des ablauts 37 a b.

Albanesisch, nachsetzung des artikels im —en 47 c.

Aleutisch, stellung des adjektivischen und genitivischen attributs sowie des objekts im —en 66c-67a.

Algonkin, stellung des adjektivischen attributs in der sprache der — 67 b.

Allativ 90 a.

Alo Teqel, dialekt von — s. Saddle Island.

Altaisch, stellung des adjektivischen und genitivischen attributs sowie des objekts in den —en sprachen 67 a; unterscheidung eines bestimmten u. unbestimmten objekts 39 c; türkisch 19b-21a, 74b-75c.

Altbaktrisch s. Altmedisch.

Altindisch s. Indisch.

Altmedisch s. Iranisch.

Altpersisch s. Iranisch.

Ambrym, sprache von — s. Melanesisch.

Amerika, die kultur der ureinwohner

—s 97a-98a; stellung des adjektivischen attributs in den sprachen
der ureinwohner —s 67 a b.

Amharisch [Amharna] s. Semitisch.

Analyse des gedankens in der sprache
8 b c, 49 b.

Andisch s. Kaukasisch.

Aneitum, Aneityum s. Annatom.

Annamitisch s. Mon-annamitisch.

Annatom, sprache von — s. Melanesisch.

Anreihende und unterordnende satzverbindung 74b-79.

Anschaulichkeit, streben nach — im
skandinavischen 87 b c, im finnischen 88b-90c.

Antizipation im lautwesen 37 c. Vgl.
damit 20 b c.

Anudha, sprache von — s. Melanesisch.

Arabisch s. Semitisch.

Aray, Aragh, sprache von - s Melanesisch.

Aramäisch s. Semitisch.

Arčinisch, Artschinisch s. Kaukasisch.

Aremorisch s. Bretonisch.

Armenisch, annäherung des neu - en
an den typus des ural-altaischen
40 c, 41 a; stellung des adjektivischen attributs im alt- und neu-
—en 71 b c; unterscheidung eines
bestimmten und unbestimmten objekts im alt—en 39 c.

Arowakisch, stellung des adjektivischen attributs im —en 67 b.

Artikel, ausgedehnter —gebrauch bei
völkern mit vorherschenden gefühlen 34 a; angehängter — 47 b c.

Assoziation, —swirkungen v. sinneswahrnehmungen 4a-5a.

Assyrisch s. Semitisch.

Äthiopisch s. Semitisch.

Attribut, stellung des adjektivischen
—s 61c-73a; stellung des genitivischen —s 66b-67a; bezeichnung

des —iven teils der vorstellung in
den bantu-sprachen 18c-19a.

Ausdrucksbewegung 5 b.

Australisch, —e sprachen 21 b; stellung des adjektivischen attributs
in den —en sprachen 70 a.

Awarisch [Ararisch] s. Kaukasisch.

Aztekisch, —e kultur 97b-98a; —e
sprache s. Nawâtl.

Babylonisch s. Semitisch.

Baghirmi [Bagrima], stellung des
adjektivischen attributs in der —
sprache [Tar-Bagrimma] 69 a.

Bakairi, stellung des adjektivischen
attributs in der sprache der — 67 b.

Baltisch, unterscheidung eines zuständlichen und wesenhaften seins
im —en 55 b; stellung des adjektivischen attributs im litauischen
71 b.

Bambara, stellung dee adjektivischen
attributs in der —sprache 69 a.

Bantu, stellung des adjektivischen
attributs in den —sprachen 68 c,
69 a; charakteristik des tonga
16a-19a, vgl. 19 c, 20 a; scheinbare
objektivkonjugation des tonga 22;
anreihende satzverbindung des
tonga 76 a b.

Barea, stellung des adjektivischen
attribus in der sprache der — 69 a.

Bari, stellung des adjektivischen attributs in der sprache der — 69 a.

Barmanisch s. Indochinesisch.

Basa, stellung des adjektivischen
attributs in der —sprache 69 a.

Baskisch, stellung des adjektivischen
attributs im —en 71a.

Bauro s. San Cristoval.

Bedächtiges wesen in seinem zusammenhang mit der wortstellung
65b-66c, 67c-68a, 73 a b.

Bedscha [Bischari], —sprache [To-
bedschauijjeh] s. Hamitisch.

Begriff, —sverstärkung durch konsonantenverstärkung ausgedrückt 29 b c, 62b-63a.

Belebung des leblosen 55c-62b.

Benennung nach der jeweilig dominirenden empfindung oder vorstellung 8 b, 9c-10a.

Benga, —sprache s. Bantu.

Bengali [Bangali], —spr s. Indisch.

Bestimmtes objekt s. Objekt.

Betonung s. Akzent.

Beziehungen, kausale, logische, modale, räumliche, zeitliche — s. Kategorieen.

Biblisch-aramäisch s. Semitisch.

Bilderschrift, verhältnis der — zur sprache 2 b c.

Bilin s. Hamitisch.

Bisayisch s. Malayisch.

Bligh Island s. Norbarbar.

Boondei, —sprache s. Bantu.

Botokudisch, stellung des adjektivischen attributs im —en 67 b.

Brahui, —spr. s. dravida-sprachen.

Bretonisch s. Keltisch.

Buduchisch s. Kaukasisch.

Bugotu, dialekt von — s. Melanesisch.

Bulgarisch s. Slavisch.

Bullom, stellung des adjektivischen attributs in der —sprache 69 a.

Burätisch, Burjätisch, s. Altaisch.

Buschmannsprache, stellung des adjektivischen attributs in der kkham-buschmannsprache 69 a.

Cachurisch s. Kaukasisch.

Čečenisch [Tschetschenisch] s. Kaukasisch.

Celtisch s. Keltisch.

Čerkessisch [Tscherkessisch] s. Kaukasisch.

Chagge s. Tschagge.

Cherokee s. Tscherokesisch.

Chevsurisch s. Kaukrsisch.

Chiapanekisch s. Tschapanekisch.

Chibcha s. Tschibcka.

Chiquitos s. Tschikitos.

Chilake s. Tscherokesisch.

Chinalugisch s. Kaukasisch.

Chinesisch, —e kultur 94b-96b; —e sprache s. Indochinesisch.

Chippewyan s. Tschippewjan.

Choctaw s. Tschachta.

Choleriker 13 a, 13 c.

Chürkilinisch s. Kaukasisch.

Chwabo [E-Chwabo, Tschwabo] s. Bantu.

Chwana ['Tschwana], Se-coana, Secwana, Se-tshuana s. Bantu.

Chwarši [Chwarschi], —sprache s. kaukasisch.

Ci-Karanga, Ci-Tonga etc. s. ohne das präfix Ci-.

Confucius s. Khung-tse.

Contrariétés-insel s. Ulaua.

Cornisch s. Kornisch.

Cree s. Kri.

Cymrisch s. Kymrisch.

Czechisch s. Slavisch.

Dänisch s. Germanisch.

Dayakisch, Dajakisch s. Malayisch.

Delawaren s. Lenni-lennape.

Deni, sprache von — s. Melanesisch.

Deutlichkeit s. Verständlichkeit.

Deutsch s. Germanisch.

Dido-sprache s. Kaukasisch.

Di-kele s. Kele.

Dippil-sprache, stellung des adjektivischen attributs in der — 70 a.

Dravida-sprachen (tamil, malayalam, telugu, kanaresisch, tulu, kudagu, toda, oraon, brahui), stellung des adjektivischen attributs in den — 66 c.

Dualis 33 c.

Dualla-sprache s. Bantu.

Duke of York Island s. Neu Lauenburg.

Dörkisch [dschekisch] s. Kaukasisch.

Efat s. Vate.

Efe, Ephe Ew'e, stellung des adjektivischen attributs in der —sprache 69 a.

Efik, stellung des adjektivischen attributs in der —sprache 68 c.

Ehstnisch s. Uralisch.

Eigenart, geistige — und deren verhältnis zur weltanschauung 10 a b.

Einsilbigkeit 25c-26a, 35 b, 37 a.

Einschachtelung im deutschen satzbau 92 b, 102 a.

Einverleibung 22a-23b.

Elativ 89 c.

Empfindung 6c; entstehung der — 7; voraussetzung für die entstehung von —en 12 a; verschmelzung der —en 8 a; vorherrschen einer — in einer verschmelzung oder in einer komplikation 8 a; einfluss der reizbarkeit auf den —s-verlauf 12.

Encounter Bay, stellung des adjektivischen attributs in der sprache von — 70 a.

Engländer 47 a, 91 a b.

Englisch s. Germanisch.

Erinnerungsvorgang 3c-5a.

Erinnerungsvorstellungen, bedingungen für den eintritt von — 4 a b.

Erromango, sprache von — s. Melanesisch.

Eskimo, stellung des adjektivischen attributs in der sprache der — 67 b.

Espiritu Santo, sprache von — s.

Essiv 55 a b, 90 b. [Melanesisch.

Esthnisch s. Ehstnisch.

Etymologie lehrt die innere wortform, die art der vorstellungsbildung 9 c.

Exklusivus 33 c.

Fate s. Vate.

Feuerländisch, stellung des adjektivischen attributs im —en 67 b.

Fidschi s. Viti.

Finnisch s. Uralisch.

Fiote s. Bantu.

Fleck, gelber — der netzhaut 7 b.

Flexionsabfall 46c-47a, 51 c.

Florida, sprache von — s. Melanesisch.

Formativ 39 a.

Formosanisch s. Malayisch.

Französisch s. Romanisch.

Fülbe, sprache der — s. Fulde.

Fulde, Fulfulde, stellung des adjektivischen attributs im — 69 a.

Gälisch s. Keltisch.

Galla-sprache s. Hamitisch.

Ganda s. Bantu.

Gazellen-halbinsel, sprache der — s. Melanesisch.

Gefühl 12 b; voraussetzungen für die entstehung von —en 12 a; einfluss der reizbarkeit auf den verlauf der —e 12 c; gefühlsäusserung 5 c, 50 a-c; vorwalten der —e bei den semiten 25 b c, bei den germanen 38 b c, bei den deutschen 36b-38b.

Gela s. Guadalcanar.

Genitiv, umschreibung des — im schwedischen, dänischen und norwegischen 87b-88b.

Genus s. Geschlecht und Passivum.

Georgisch s. Gruzinisch, Grusinisch.

Gera s. Guadalcanar.

Germanen 38 b c.

Germanisch, stellung des —en innerhalb des indogermanischen auf grund der zum ausdruck kommenden reizbarkeit 48 a b, 37a-38c.

Deutsch, stellung des —en innerhalb des germanischen 45b-48c; annäherung des —en an den typus des semitischen 45b-46b, 62b-63a; stark entwickelte vokalvariation des —en 45b-46b; -e intensi bildung durch konsonantenverstärkung 62b-68a; stellung des adjektivischen attributs 65a b, 73a; stellung des subjekts und verbs 78 a b. 74 a b; die unterordnende satzverbindung ist im —en seltener als in den andern germanischen sprachen 79 a; zeugnis geringen machtbewusstseins 101a, 61b-62a; zeugnis grosser willenstärke und geisteskraft 80b-92c, 101b-102b; zusammenfall des prädikativen adjektivs mit dem adverb 51c-56b; konjunktionen mit verbalendungen 85c, „voller", „halber" 52a.

Englisch, annäherung des —en an den typus des chinesischen 47 a; unterscheidung von höherem und niederem, vernünftigem und unvernünftigem 61 b c; Grimms urteil über das —e 100 a-c.

Gotisch, —e perfekta mit reduplikation 37b.

Niederländisch, vorliebe für unterordnende satzverbindungen 79 a, 47 b; zusammenfall des prädikativen adjektivs mit dem adverb 51c-56b; adverbale und adnominale attribute 54 a b.

Nordisch, genitivumschreibung im schwedischen, dänischen u. norwegischen ein zeugnis zu starken strebens nach anschaulichkeit 87bc, 101c; angehängter artikel 47 b c; unterscheidung von belebtem und unbelebtem, vernünftigem und vernunftlosem 61 b c.

Gesamtvorstellung, verschiedene gliederung von —en 8 b c.

Geschlecht, grammatisches -56c-62b.

Goachira, stellung des adjektischen attributs in der sprache der — 67b.

Gog, dialekt von -, s. Melanesisch.

Gotisch s. Germanisch.

Grebo, stellung des adjektischen attributs in der sprache der 68c.

Griechisch, annäherung an den typus der bantu-sprachen 43a-c; stellung des adjektivischen attributs 71 b.

Gruzinisch Grusinisch, s. Kaukasisch.

Guadalcanar, sprache von —, s. Melanesisch.

Guaikurisch, stellung des adjektivischen attributs im —en 67 b.

Guarani, stellung des adjektivischen attributs in der sprache der -- 67b.

Gujerati s. Indisch.

Gwamba s. Bantu.

Hamitisch, stellung d. adjektivischen attributs im bedscha 68 c, in den andern —en sprachen 69 a b; possesive konjugation im altägyptischen 81 a.

Haussa Haussa, stellung des adjektivischen attributs in der —sprache 68 c.

Hawaisch s. Polynesisch.

Hebräisch s. Semitisch.

Herero Otyiherero s. Bantu.

Hidatsa, stellung des adjektivischen attributs in der sprache der — 67 b.

Hindi s. Indisch.

Holländer 90c.

Holländisch s. Niederländisch.

Hottentotisch, scheinbares grammatisches geschlecht im — 57c, 58a; nomen-verb 80 c; stellung des adjektivischen attributs 68 c.

Hyrkanisch s. Chürkilinisch.

Ibo, stellung des adjektivischen attributs im — 68c.

Ichgefühl im zusammenhang mit der subjektivität des verbs 83 a.

Ideenassoziation s. Assoziation.

Il-Oigob s. Oigob.

Ilativ 89 c.

Imerisch s. Kaukasisch.

Indianer 67c-68a.

Indisch, stellung des adjektivischen

attributs im —en 72 b; unterordnende satzverbindung im alt—en
77; schicksal des grammatischen
geschlechts in den —en sprachen
61 a b; belebtes und lebloses im
zigeunerischen 59b; alt—e stammbildung 36 a b; annäherung der
neu—en sprachen an den·typus
des uraltaischen bzw. dravidischen
39 a b.

Individualität, psychische — 12 a;
psychische — eines volkes 14 a.

Indochinesisch 25 c, stellung des adjektivischen attributs in den —en
sprachen 70 b; charakteristik des
chinesischen 26a-28a, 20b; vokalvariation im tibetischen 30 b.

Indogermanen, geisteskraft der —
98b-99c.

Indogermanisch, —e stammbildung
und wortbildung 35c—30c; stellung des adjektivischen attributs
im ur—en 71 b; stellung des subjekts und verbs im ur—en 74.
Vgl. Indisch, Iranisch, Armenisch, Griechisch, Lateinisch, Romanisch, Germanisch, Keltisch,
Baltisch, Slavisch, Albanesisch.

Inessir 89 c.
Ingiloi-dialekt s. Kaukasisch.
Inklusivus 33 c.
Inkorporation s. Einverleibung.
Instruktiv 90 b.
Instrumentalis 55 c; als prädikatskasus 55 b.
Intensivbildung im hebräischen 29 c;
im deutschen 62b-63a.
Interjektionen 5 c.
Iranisch, annäherung der neu—en
sprachen an den typus des uraltaischen 39c-40c; das grammatische geschlecht im —en 61 b;
stellung des adjektivischen attributs im —en 71 b; unterscheidung
eines bestimmten u. unbestimmten

objekts im persischen und osseti-
schen 39 c.
Irisch s. Keltisch.
Irokesisch, stellung des adjektivi-
schen attributs im —en 67 b.
Isolirende sprachen 25c-26a, 35 b,
37 a.
Isubu s. Subu.
Italienisch s. Romanisch.

Jakutisch s. Altaisch.
Japanisch s. Altaisch.
Javanisch s. Malayisch.
Jenissei-ostjackisch, stellung des adjektivischen und genitivischen attributs sowie des objekts im —en
66 b.
Jenisseisch s. Uralisch.
Jukagirisch, stellung des adjektivischen und genitivischen attributs
sowie des objekts im —en 66b, 67a.
Junga, Junka, stellung des adjektivischen attributs in der —sprache
67 b.
Jurakisch s. Uralisch.

Kafrisch s. Xosa und Zulu.
Kalmückisch s. Altaisch.
Kamassinisch s. Uralisch.
Kambodjisch s. Mon-annamitisch.
Kami, Ki-kami, s. Bantu.
Kamilaroi, stellung des adjektivi-
schen attributs im — 70 a.
Kanaresisch s. Dravida-sprachen.
Kanuri, stellung des adjektivischen
attributs in der —sprache 69 a.
Kapućinisch [kaputschinisch] s. Kau-
kasisch.
Karaibisch, stellung des adjektivi-
schen attributs im insel- und fest-
land —en 67 b.
Kara-Kaijtachisch s. Kaukasisch.
Karanga, Ci-karanga s. Bantu.
Kasikumykisch s. Kazikumykisch.
Kassia s. Khassia.

kambodjischen und annamitischen 70 b.

Mongolisch s. Altaisch.

Mordwinisch s Uralisch.

Mosin, dialekt von — s. Melanesisch.

Moskito, Mosquito, stellung des adjektivischen attributs in der — sprache 67 b.

Mota, sprache von — s. Melanesisch.

Mpongwe s. Bantu.

Muisca s. Tschibtscha.

Mundari, stelung des adjektivischen und genitivischen attributs sowie des objekts im — 66 c.

Musuk s. Muzuk.

Mutsun, stellung des adjektivischen attributs in der —sprache 67b.

Muzuk, stellung des adjektivischen attributs im — 69 a.

Mwera, Ki-mwera s. Bantu.

Nama s. Hottentotisch.

Namengebung nach der jeweilig dominirenden empfindung oder vorstellung 8 b.

Nawatl, aztekisch, mexikanisch. Einverleibungssystem des — 21c-23b; stellung des adjektivischen attributs 67 b.

Ndonga, Oshindonya (sprache der Mbo, Ovumbo) s. Bantu.

Netzhaut, auffassungsschärfe d. — 7b.

Neu-Lauenburg, sprache von — s. Melanesisch.

Neuseeländisch s Maori.

Niederländisch s. Germanisch.

Nifilole, sprache von — s. Melanesisch.

Nominativ, stellung des — 73a-74b; — im zusammenhang mit der bestimmung der lebensverhältnisse durch den willen 82c-83c, 86a-87a; — im finnischen 88b-89b; ersatz des — als prädikatwort durch den akkusativ 85 a b.

Norbarbar, sprache von — s. Melanesisch.

Normannisch s. Romanisch.

Norwegisch s. Germanisch.

Nubisch, stellung des adjektivischen attributs im —en 69 a.

Nufilole s. Nifilole.

Numerus 38c.

Nupe, stellung des adjektivischen attributs im — 69 a.

Nyanja [njandscha] s. Bantu.

Oba, sprache von — s. Melanesisch.

Objekt, bestimmtes und unbestimmtes — im finnischen 89 a b; im persischen, ossetischen, altarmenischen 39 c; stellung des —s in den ural-altaischen sprachen sowie im jenissei-ostjakischen, kottischen, jukagirischen, tschuktschischen, aleutischen und der sprache der ainu 66b-67a; stellung des objekts im polynesischen, melanesischen 73 c.

Objektkonjugation 21c-23b, 26c-27a.

Objektskasus im indogermanischen 85 b, im finnischen 89 b.

Odschi s. Tschwi.

Odschibwe, stellung des adjektivischen attributs in der —sprache 67 b.

Oigob, Il-oigob, stellung des adjektivischen attributs im — 69 a.

Ollanta, das drama — 93 a.

Oraon s. Dravida-sprachen.

Oriya s. Indisch.

Oshindonga s. Ndonga.

Osmanisch s. Altaisch.

Osseten 99 b.

Ossetisch s Iranisch.

Ostjakisch s. Uralisch.

Ostjak-Samojedisch s. Uralisch.

Otfrid, vokalharmonie in —s sprache 20 b c.

Otomi, stellung des adjektivischen attributs in der —sprache 67 b.

Otschi s. Tschwi.
Otschipwe s. Odschibwe.

Pak, dialekt von — s. Melanesisch.
Pampangisch s. Malayisch.
Panjabi [Pandschabi] s. Indisch.
Partitiv 89 a b.
Partizipale satzverknüpfung 47 b, 74c-75c, 77a-78b.
Puschto s. Afghanisch.
Passivum 92 a.
Pentekost Island s. Arag.
Persisch s. Iranisch.
Person, bezeichnung der — beim verb s. Subjektivität.
Peruanisch, — e kultur 97 b - 98 a; —e sprache, ketschua, stellung des adjektivischen atttributs in der —en sprache 67b.
Phlegmatiker 13a, 13c.
Piemontesisch s. Romanisch.
Pokomo, Ki-pokomo s. Bantu.
Polynesisch 21 b, —c satzstellung 73 c, 69 b c.
Portugiesisch s. Romanisch.
Possessivsuffixe 32 c, 40 a.
Postpositionen 39 c.
Prädikatskasus, ersatz des — durch den akkusativ 85 b.
Präfix, die — e der bantusprache als bezeichnung des substantiellen teils der vorgestellten objekte 17a-19a; vgl. affix.
Pronomina, konjugirte — im annatom 85 c; — mit verbalendungen im italienischen und keltischen 85c; konjunkte und absolute — im nawätl 23 n b.
Prosekutiv 90 c.
Psychische prozesse, voraussetzungen für die entstehung 12 a.
Pulo, plur. *fülbe*, sprache der —, s. *fülde, fulfülde*.

Quechua s. Ketschua.

Quiche s. Kitsche.
Quichua s. Ketschua.

Rede, fragmentarischer und massiver charakter der — 14 c. 16 a - 23 a. 74c-79a.
Redeteile s. Wortarten.
Reduplikation, ein charakteristikum malayo - polynesischer stammbildung 43 c; — und wiederholnng 44 a; — im romanischen 44a-45a.
Reiz, lokalisation des —es 7 a b; peripherer — 7 a; physikalischer — 3 a, 7 a; physiologischer — 3 a, 7 a; zentraler — 7 a.
Reizbarkeit, — und psychische individualität 12 a; einwirkung der — auf den vorstellungs- und gefühlsverlauf 12 a - 12 c, auf die sprache 14 c, 25 a, 49 a.
Relationen s. Beziehungen.
Reproduktion, scheinbare — einer vorstellung 3b-5a.
Romanisch, reduplikation im —en ein zeichen der annäherung an den typus des malayo-polynesischen 43c-44a; stelluug des adjektivischen attributs im —en 71c-72c; italienische pronomina mit verbalendungen 85 c; scheinbare objektivkonjugation im französischen 23 a b; lebendes und lebloses im spanischen 59 b; wesenhaftes und zustandliches sein im spanischen 55 a; grammatisches geschlecht 61 a b; nachsetzung des artikels im rumänischen.
Rotuma, sprache von —, s. Melanesisch.
Rumänisch s. Romanisch.
Russisch s. Slavisch.
Rutulisch s. Kaukasisch.

Saddle Island, sprache von —, s. Melanesisch.

Subjektivität des verbs 80b-93a.
Subjektskasus 82c-83b, 85a-87b; eintritt des — für den prädikatskasus im indogermanischen 35 b.
Subu, Inubu s. Bantu.
Suffix s. Affix.
Sugarloaf Island s. Mota.
Sumale, sprache der —, s. Umale.
Sumbua Shisumbua s. Bantu.
Suomi s. Uralisch.
Surchinisch s. Kaukasisch.
Susu, stellung des adjektivischen attributs in der —sprache 69 a.
Suto Sesutho Sesuto s. Bantu.
Svanetisch s. Kaukasisch.
Synthese im zusammenhang mit dem sinn für selbsterkämpften erfolg 92 a b.
Syrisch s. Semitisch.
Syrjänisch s. Uralisch.

Tabassaranisch s. Kaukasisch.
Tabwa s. Bantu.
Tagalisch s. Malayisch.
Tahitisch s. Polynesisch.
Tamascheq s. Hamitisch.
Tamil s Dravida-sprachen.
Tana, sprache von —, s. Melanesisch.
Tar-Bagrimma s. Baghirmi.
Taurgy s. Uralisch.
Tedá, stellung des adjektivischen attributs in der —sprache 69 a.
Tehuelhet (Patagonier), stellung des adjektivischen attributs in der tsonecu (der sprache der —) 67 b.
Telugu s. Dravida-sprachen.
Temne, stellung des adjektivischen attributs im — 69 a.
Temperament 12c-14a.
Thai s. Siamesisch.
Tibetisch s. Indo-chinesisch.
Timukua, stellung des adjektivischen attributs in der —sprache 67b.
To-bedschauijjeh s. Bedscha.
Toda s. Dravida-sprachen.

Tonga, Ci-tonga s. Bantu.
Tongaisch s. Polynesisch.
Translativ 90a.
Trialis 33c.
Tschachta, Choctaw, stellung des adjektivischen attributs in der --sprache 67 b.
Tschagataisch s. Altaisch.
Tschapanekisch, Chiapanekisch, stellung des adjektivischen attributs 67 b, des verbs 73 c.
Tscheremissisch s Uralisch.
Tscherokesisch (sprache der tscheroki, tschiroki, cherokee, tschilake, chilace), stellung des adjektivischen attributs im —en 67 b; objektivkonjugation 21 c.
Tschetschenisch s. Čečenisch.
Tschibtscha, Chibcha, Muisca, kultur der — 97 a; stellung des adjektivischen attributs in der —sprache 67 b.
Tschikitos, Chiquitos, stellung des adjektivischen attributs in der sprache der — 67 b.
Tschippewjan, Chippewyans, stellung des adjektivischen attributs in der sprache der — 67 b.
Tschuktschisch, stellung des adjektivischen attributs sowie des objekts im —en 67 a.
Tschwi, Tschi, Otschi, Odschi, stellung des adjektivischen attributs im —69 a.
Tschagga, Chagga, Ki-chagga s. Bantu.
Tulu s. Dravida-sprachen.
Tumale s. Umale.
Tungusisch s. Altaisch.
Tupi, stellung des adjektivischen attributs in der —sprache 67 b.
Türkisch s. Altaisch.
Turkmenisch s. Altaisch.
Turrubul, stellung des adjektivischen attributs in der —sprache 70 a.

Udisch s. Kaukasisch.
Uigurisch s. Altaisch.
Ulaua, sprache von —, s. Melanesisch.
Umale, Tumale, stellung des adjek-
tivischen attributs im — 69 a.
Umlaut 37 c.
Unbewusstwerden psychischer inhalte
2 b.
Ungarisch s. Magyarisch.
Ural-altaisch s. Uralisch und Al-
taisch.
Uralisch, stellung des adjektivischen
und genitivischen attributs sowie
des objekts in den —en sprachen
66c, 67 a; finnische kasus 88b-90c;
zuständliches und wesenhaftes sein
im finnischen 55 a b.
Ureparapa s. Norbarbar.

Vate, sprache von —, s. Melanesisch.
Venetianisch s. Romanisch.
Verb, subjektivität des —s 80b-93a;
stellung des — 73-74 b; behandlung des prädikativen adjektivs
wie ein — 56 a b; geschlechtsbezeichnung am — 58 c, 81 b;
possessives — 81 a.
Verhältnisse s. Beziehungen.
Verschmelzung der empfindungen 8a.
Verständlichkeit, vorherrschen der
rücksicht auf — im indischen
39 a b, im persischen 39 c, im ossetischen 40b, im kurdischen 40c.
Viti, sprache von —, s. Melanesisch.
Vokalharmonie 20b-21a.
Vokalvariation im hebräischen 29a-
30a, im tibetischen 30b, im germanischen 37a-38b, 45b-46b.
Vorstellung, eine — kann nicht un-
bewusst sein 3 a b; scheinbare
reproduktion einer — 3b-5a; assoziationswirkungen von —, die
unmittelbar durch äussere eindrücke hervorgerufen sind 4; jede
— ist etwas zusammengesetztes

6c—8a; jede — ist ein vorgang
6c-8a; herrschende — in einer
komplikation 8a; voraussetzungen
für die entstehung von —en 12a;
zerlegung des —sausdrucks in zwei
teile 20a, 17a-19a, 42a-c.
Vorstellungsfolge 64a-74b.
Vorstellungsverlauf, einfluss der reizbarkeit auf den — 12.
Vuras, dialekt von —, s. Melanesisch.

Wahrnehmung s. Vorstellung.
Wakuafi, sprache der —, s. Oigob.
Wandala, stellung des adjektivi-
schen attributs in der —sprache
69 a.
Weltanschauung 8c; — einer geisti-
gen gemeinschaft 9 c; verhältnis
der — zur geistigen eigenart 10 b.
Wesenhaftes und zuständliches sein
54c-55c.
Westaustralien, stellung des adjektivischen attributs in der sprache
von 70 a.
Whitsuntide s. Arag.
Wiederholung 43 c, 44 a.
Willensvorgang, einfluss der reizbarkeit auf den — 12c.
Wiradhuri, stellung des adjektivischen attributs in der —sprache
70 a.
Wirklichkeit 6 a b.
Woyulisch s. Uralisch.
Wolof, behandlung des prädikativen
adjektivs als verbalausdruck 56 b;
stellung des adjektivischen attri-
buts 69 a.
Wortarten, zusammenfall des prädikativen adjektivs mit dem adverb
51c-56b.
Wortfolge 64a-74b.
Wortform, innere, s. etymologie.
Wortschöpfung, benennung nach der
jeweilig vorherrschenden empfin-

TRANSSKRIPTIONSWEISE.

Für die germanischen und romanischen sprachen, für die herkömm-
licherweise mit lateinischen buchstaben verzeichneten slavischen idiome
sowie für das irische und finnische ist die übliche orthographie bei-
behalten worden.

Für die litterarisch nicht fixirten sprachen sowie für diejenigen, deren
aufzeichnung durch ein von der lateinischen schrift wesentlich abweichendes
alphabet zu erfolgen pflegt, ist nach möglichkeit die am weitesten ver-
breitete transskription gewählt worden. Hinsichtlich der bedeutung der
einzelnen zeichen werden folgende angaben genügen, die sich auf das vom
deutschen beträchtlich abweichende beschränken.

bh im altindischen $= b +$ stimmhaftem *h*, im hebräischen etwa $= w$ in *wo*.

c im tonga $= dch$ in *mädchen* im armenischen $= ts$ (deutschem *z*).

ć $= dch$ in *mädchen*.

č $= tš$ (*tsch* in *klatsch*).

c aspirirtes *ts*.

ḍ ist zerebrales, mit aufwärts gebogener zunge gebildetes *d*.

dh im altindischen $= d +$ stimmhaftem *h*, im hebräischen etwa $= th$
im englischen *father*.

ɒ im persischen $= s$ in *wiese*.

gh im altindischen $= g +$ stimmhaftem *h*, im hebräischen etwa $= j$ in *jeder*.

ʒ $= g$ in norddeutschem *wagen*.

ǵ $= dž$ (italien. *giorno*).

h im altindischen ist stimmhaft.

ḥ im altindischen $= h$ in *haus*, im hebr. und ägypt. $= ch$ in *lachen*.

ẖ $= ch$ in *lachen*.

ɪ, ein chinesischer laut, wahrscheinlich $= ao$ im gälischen *laogh* oder $= y$
im russischen *ryba* (Sweets high-back-narrow oder high-mixed-narrow).

k im hottentotischen *kᵉib* (s. 55 z. 5, 6) bezeichnet den sogen. lateralen
(nach Sehils gutturalen) schnalzlaut, der wahrscheinlich dadurch entsteht, dass man den zungenrücken gegen den gaumen presst und
dann, die luft einsaugend, schnell zurückzieht. — *k* im auslaut chinesischer wörter wird nicht gesprochen.

kh im altindischen $= k + h$ (*k* in *kam*), im hebräischen $= ch$ in *ich*.

kᵉ $= k + h$ (*k* in *kam*).

ḷ ist silbenbildend wie zuweilen *l* in *dattel* (datl).

l ist ein reibelaut mit engenbildung zwischen den seitenrändern der zunge und den backenzähnen. Die zungenspitze wird dabei nach unten und zurückgebogen. Der zungenrücken wird wie bei der bildung eines *u* gehoben.

ṁ im altindischen bezeichnet die nasalirung des vorhergehenden vokals, z. b. *aṁ* = franz. *an*.

ṅ = *ng* in *gesang*.

ṇ ist zerebrales *n*. Vgl. *ḍ*.

p im auslaut chinesischer wörter wird nicht gesprochen.

ph im altindischen = *p + h* (*p* in *pult*), im hebräischen = *f* in *Josef*.

p^c = *p + h*.

q im hebräischen und persischen wahrscheinlich = *k* mit verschlussbildung zwischen dem hinteren zungenrücken und weichen gaumen, im türkischen = *k*.

ṛ ist silbenbildend wie zuweilen *r* in *vatṛ* = *rater*.

r ist zerebrales *r*. Vgl. *ḍ*.

s = *s* in *haus*.

ṣ = *s* in *haus*.

š = *sch* in *schuh*.

ṣ ist zerebrales *š*. Vgl. *ḍ*.

t im auslaut chinesischer wörter wird nicht gesprochen.

tl im nawatl (aztekischen) = *t + stimmlosem l*.

th im altindischen = *t + h* (*t* in *tier*), im hebr. = *th* im engl. *three*.

ṭ im altindischen ist zerebrales *t*. Vgl. *ḍ*.

v = *v* in franz. *voix*, engl. *voice*.

x im awarischen = *ch* in *lachen*.

y im altindischen und im tongu = *j* in *ja*, im finnischen = *ü* in *mühle*, im slavischen ein vokal, der folgendermassen gebildet wird: man hebt die zunge fast so hoch wie bei der bildung eines offenen *i* (in *mit*), doch in der art wie bei der artikulation eines *e* in *hatte*. Dabei spreizt man die lippen wie beim deutschen offenen *i*.

z wie *z* im franz. *zèle* oder *s* im deutschen *see*.

ž = *j* im franz. *journal*.

' im wortanlaut bezeichnet den kehlkopfverschlusslaut, der im deutschen den sogenannten anlautenden vokalen meist vorausgeht.

' hinter konsonanten bezeichnet deren aspiration; im hebräischen bezeichnet zwei laute: 1) arabisches ع, einen stimmhaften reibelaut, der dadurch entsteht, dass die luft bei geschlossener bänderglottis die durch zusammenziehung der vibrirenden falschen stimmbänder und durch senkung des kehldeckels verengte knorpelglottis durchstreift; 2) arabisches غ = *g* in norddeutschem *wagen*.

‾ über vokalen bezeichnet im chinesischen den hohen gleichen ton (überlegendes *ja* ..., *das kann man nicht wissen* etc.), sonst die länge des vokals.

˙ über vokalen bezeichnet im chinesischen den tiefen gleichen ton, im serbisch-kroatischen den gedehnten fallenden ton.

˜ über vokalen bezeichnet im hottentotischen deren nasalirung, im nawātl (aztekischen) deren nachdrückliche hervorhebung (den sogenannten *salto*), im litauischen die sogenannte geschleifte betonung, ähnlich der in niederrheinischen mundarten häufig vorkommenden, z. b. krefeldisch *tau* „webstuhl", *mau* „ärmel" im gegensatz zu *schlau* „schlau".

ʹ über vokalen bezeichnet im chinesischen den steigenden ton (fragendes *so ?*), im litauischen den gestossenen ton (vgl. ˜), im hottentotischen den sog. tiefen, d. h. fallenden ton, im nawātl (aztekischen) den sog. saltillo, eine schluchzende vokalaussprache, im serbisch-kroatischen den kurzen aufsteigenden ton.

ʼ über vokalen bezeichnet im chinesischen den fallenden ton (antwortendes *ja*), im serbisch-kroatischen den gedehnten steigenden ton, im hottentotischen den sog. mittleren, d. h. gleichen ton, im litauischen den langen gestossenen ton.

ʺ über vokalen bezeichnet im serbischen den kurzen fallenden ton.